Dr. Eleonore Hohenberger

Gewürzkräuter und Heilpflanzen

Bayerischer Landesverband für Gartenbau und Landespflege

Dr. Eleonore Hohenberger

Gewürzkräuter und Heilpflanzen

89 Gartenkräuter

Anbau

Ernte

Aufbereitung

Inhaltsstoffe

Verwendung

Obst- und Gartenbauverlag · München

Herausgeber: Bayerischer Landesverband für Gartenbau und Landespflege e.V.,
Herzog-Heinrich-Straße 21, 80336 München.
Text: Dr. Eleonore Hohenberger, Fotos: Hohenberger 58, Votteler 36, Becker 2, Farkaschovsky 2
© Obst- und Gartenbauverlag des Bayerischen Landesverbandes für Gartenbau und Landespflege e.V., München.
Gesamtherstellung: Ludwig Auer GmbH, Donauwörth.
3. Auflage 2002. ISBN 3-87596-106-4

Mehr Kräuter in den Garten

Weder Fachleute der Arzneimittelwissenschaft noch Ärzte hätten erwartet, dass die Heilpflanzen noch einmal eine so wichtige Rolle in der modernen Medizin spielen würden, wie sie es derzeit tun. Man gilt nicht mehr als hoffnungslos altmodisch, wenn man zugibt, dass man kleinere Unpässlichkeiten mit einem Kräutertee behandelt. Erfahrungsgemäß vertrauen Menschen vor allem bei chronischen Krankheiten, in der Kinderheilkunde und bei altersbedingten Beschwerden auf Naturheilmittel. Auch die Tierheilkunde greift für die Haustiere heute wieder gerne auf pflanzliche Heilmittel zurück, die teilweise in der bäuerlichen Volksmedizin eine lange Tradition haben.

Auch die moderne Pharmaindustrie verarbeitet zunehmend Pflanzenwirkstoffe für ihre Medikamente, die dann von Ärzten verordnet werden. Allerdings erwartet man heute nicht nur von chemisch hergestellten Medikamenten, sondern auch von Pflanzenarzneien, dass ihre Wirksamkeit zuverlässig, nachweisbar und plausibel ist. Zur Prüfung der Wirksamkeit wurde vom Bundesgesundheitsamt (das allerdings inzwischen aufgelöst wurde) eine Expertenkommission berufen, die aus praktisch tätigen Ärzten, Apothekern sowie aus Wissenschaftlern bestand, „Kommission E" genannt. Viele erfahrungsmedizinisch etablierte Heilkräuter erfuhren durch diese Expertenkommission eine wissenschaftlich fundierte Bestätigung, bei manchen anderen jedoch wird wegen unsicherer Wirkungsweise oder problematischer Nebenwirkungen vom Gebrauch abgeraten.

Aber nicht nur die neuesten Ergebnisse der wissenschaftlichen Pflanzenheilkunde finden Interesse und Anwendung bei den modernen Menschen, sondern auch das Heilkonzept der mittelalterlichen Äbtissin Hildegard von Bingen (1098–1179), des „Wasserpfarrers" Sebastian Kneipp, der die Pflanzenheilkunde als eine der fünf Säulen seiner Heilkunde bezeichnete, sowie die Bach-Blütentherapie, in deren Mittelpunkt die Essenzen von 38 verschiedenen Pflanzen stehen.

Kurzum, Heilpflanzen sind wieder gefragt. Das wirkt sich auch auf den Garten aus. Neben den gängigen Kräutern, die selbst in schlechtesten Zeiten in den Gärten zu finden waren, gibt es inzwischen eine Reihe neuer Züchtungen von altbewährten Pflanzen. Neue Kräuter aus aller Welt werden angeboten und im Garten ausprobiert. Manche historisch bedeutsame Rarität, die jahrzehntelang als verschollen galt, ist wieder auf dem Markt. Folgerichtig ist auch das Interesse neu erwacht, mehr Heilpflanzen und Küchenkräuter im Garten anzubauen. Das Thema „Kräutergarten" ist ständig ausbau- und erweiterungsfähig, kommt der Sammelleidenschaft entgegen und bildet bis ins hohe Alter Freizeitspaß mit großem Gewinn für die Gesundheit.

Bayerischer Landesverband
für Gartenbau und Landespflege

Inhaltsverzeichnis

Kommission E:
Expertenkommission des ehemaligen Bundesgesundheitsamtes, bestehend aus Ärzten, Apothekern und Wissenschaftlern, die Heilpflanzen auf ihre Wirksamkeit prüfte.

Inhaltsverzeichnis der lateinischen Namen

Kräuter und Heilpflanzen sind im Garten selten dominierend. Es entspricht ihrem Wuchscharakter, sie in die jeweilige Pflanzengemeinschaft einzufügen.

Lebensbereiche mit Kräutern gestalten

Alle Lebensbereiche des Gartens können mit Kräutern gestaltet werden. Viele Kräuter können auch unter ungünstigen Voraussetzungen angebaut werden, wenn sonst fast nichts geht. Der Begriff „Lebensbereich" wurde im Jahre 1952 durch die „Arbeitsgemeinschaft Staudensichtung" unter der Leitung von Professor Richard Hansen in Weihenstephan geprägt. Damit wurde ein wichtiger Trend der modernen Gartengestaltung konzipiert, die sich nicht mehr nur nach optischen und nützlichen, sondern auch nach ökologischen Kriterien orientiert. Inzwischen sind diese Lebensbereiche in den meisten Gärten in irgendeiner Form realisiert. Wenn Sie dabei sind, einen Garten neu anzulegen oder Ihren Garten umzugestalten, sollten Sie dieses Prinzip der Lebensbereiche unbedingt bewusst in Ihre Planungen einbeziehen. Wenn Sie die einzelnen Lebensbereiche mit den jeweils passenden Kräutern bepflanzen, haben Sie am Ende das Thema „Kräutergarten" realisiert.

Wenn Sie dieses Ziel mit entsprechendem Elan angehen, werden Sie auch zahlreiche Pflanzen anbauen, die Sie nicht selbst bei Krankheiten oder zum Würzen anwenden. Manche heilsamen Pflanzen sind giftig, manche pflanzt man nur wegen ihrer Schönheit oder wegen ihres aparten Duftes, manche sind nur historisch betrachtet bedeutsam. Aber insgesamt entwickelt man nach und nach ein inniges und vertrauensvolles Verhältnis zu den Heilkräften der Natur, was sich dann im Ernstfall bei Krankheiten positiv auf den Genesungsprozess auswirkt.

Vor allem einjährige Kräuter setzt man im Gemüsegarten am besten dorthin, wo gerade Platz ist.

Folgende Lebensbereiche gilt es zu gestalten:

● **Gehölze und Gehölzränder,** wobei zwischen sonnigem und schattigem Gehölzrand zu unterscheiden ist.

● **Freiflächen** erstrecken sich meistens im sonnigen bis halbschattigen Bereich. Auch Rasen und Wiese gehören dazu sowie steppen- oder heideähnliche Bereiche. Die Gestaltungsmöglichkeiten richten sich nach der vorhandenen Bodenqualität.

● **Wasser, Wasserrand und sumpfige Bereiche** gehören seit Mitte der siebziger Jahre zu den beliebtesten Gestaltungselementen des Gartens.

● **Steinanlagen,** z. B. Trockenmauern, Treppen und das seit fast hundert Jahren beliebte „Alpinum", bieten besonders interessante Gestaltungsmöglichkeiten mit Heilpflanzen.

● **Beete** dürften wohl der in jedem Garten vorhandene, vielleicht wichtigste Lebensbereich sein. Zu unterscheiden wäre zwischen dem Gemüsebeet und der Zierrabatte, wobei man heutzutage diesen Unterschied nicht mehr so eng sieht.

● In **Töpfen und Kästen** werden vor allem solche Heil- und Gewürzpflanzen gezogen, die bei uns nicht winterhart sind.

In sämtlichen Lebensbereichen stellt sich im Laufe der Zeit eine Reihe von Pflanzen spontan ein, die teilweise höchst heilkräftige Inhaltsstoffe aufweisen, deren Anblick aber dennoch nicht ungeteilte Freude aufkommen lässt. Manche von ihnen darf man wohl mit Fug und Recht sogar „Unkräuter" nennen. Vielleicht lehren aber gerade sie uns, dass wir unsere Gartenaktivitäten nicht nur an unseren eigenen Wünschen, sondern ein bisschen mehr an ökologischen Kriterien ausrichten sollten.

Lavendel, Thymian und Hauswurz stehen auch eine länger andauernde Trockenperiode durch.

Der Gartenteich bietet sich dagegen als willkommener Standort für die Brunnenkresse an.

Grundsätzliches zum Kräuteranbau

Die meisten Heilpflanzen und Küchenkräuter stammen aus südlichen Ländern. Auch wenn viele von ihnen schon seit Karl dem Großen (742–814) in unseren Gärten angebaut werden, haben sie ihr Bedürfnis nach Sonne beibehalten. Demnach sollten Sie bei Ihren Planungen die geschütztesten und sonnigsten Bereiche des Gartens für die Kräuter reservieren. In den folgenden Einzelbeschreibungen der Pflanzen wird jeweils auf das Lichtbedürfnis und die eventuelle Schattenverträglichkeit hingewiesen.

Der natürliche Standort vieler Kräuter sind sonnige Hänge mit humusarmen, steinigen Böden. Darauf sollte man auch im Garten Rücksicht nehmen. Deshalb ist der Steingarten oder die inzwischen in vielen Gärten realisierte Kräuterspirale der ideale Platz für solche Pflanzen. Thymian, Salbei, Tripmadam und Hauswurz wären solche Beispiele. Zu beachten ist dann noch, ob die Pflanze eher sauren und sandigen oder eher kalkhaltigen Boden braucht.

Auch wenn viele Heilpflanzen, den Boden betreffend, nicht anspruchsvoll sind, darf man daraus nicht schließen, dass die Kräuter keine Pflege und keinen Dünger brauchen. Zwar gilt für sie ganz besonders die Regel „Allzu viel ist ungesund", aber genauso die Richtlinie „Von Nichts kommt Nichts". Bei vielen Kräutern genügt als Grunddüngung einmal im Jahr ein Schäufelchen Kompost oder $\frac{1}{2}$ bis 1 Eimer Kompost pro Quadratmeter Beetfläche. Aber nicht alle Pflanzen lieben Humus, so zum Beispiel das Johanniskraut. Auch Thymian und Oregano werden auf humusreichen Böden oder nach Düngung mit Kompost häufig von stärker wüchsigen Nachbarpflanzen erdrückt.

Pflanzen mit viel weichem Blattwerk, das womöglich oft geschnitten wird, wie bei Petersilie, Schnittsellerie, Liebstöckel und Schnittlauch, müssen in Maßen gedüngt werden. Bei diesen Blattgewürzen darf auch der Stickstoff nicht fehlen und deshalb sollte schon beim Einpflanzen etwas Langzeitdünger ins Pflanzloch gegeben werden. Im Laufe der Vegetationszeit ist ab und zu eine Kopfdüngung angezeigt, beispielsweise mit Brennnesseljauche oder einem gekauften Flüssigdünger. Wie auch sonst im Garten brauchen Heilpflanzen, die reichlich blühen sollen, Phosphat in ausreichender Menge und Pflanzen, die Knollen oder Früchte entwickeln sollen, eine ausreichende Versorgung mit Kalium.

Gerade bei Kräutern zeigt es sich, dass Düngen eine Kunst ist, oder besser gesagt, eine Gratwanderung: Zu viel Dünger erzeugt große, weiche, wenig aromatische Blätter. Bei mangelhafter Düngung werden die Blätter kümmerlich und bleich, die Pflanze kränkelt, wird schädlingsanfällig und erhält sowohl qualitativ als auch quantitativ schlechte Eigenschaften.

Sehr zu empfehlen: Mischkultur

Heilpflanzen und Küchenkräuter können im Beet zwischen die Gemüse- und Salatpflanzen gesetzt werden. Damit genießen sie alle Vorteile der Mischkultur, nämlich geringere Anfälligkeit für Schädlinge und Förderung des Gedeihens. Ausdauernde Kräuter können traditionsgemäß wie im guten alten Bauerngarten zur Einfassung von Gemüsebeeten verwendet werden.

Kurzum: Heilpflanzen und Küchenkräuter entsprechen im Garten den Jokern beim Kartenspiel. Man kann sie einsetzen wo und wie man sie gerade braucht.

Forte- und Mite-Pflanzen

Von der Intensität ihrer Wirksamkeit her betrachtet, unterscheidet die Pflanzenheilkunde zwei Klassen von Heilpflanzen: Die Forte- und die Mite-Pflanzen. Forte-Pflanzen wirken rasch, mit vorhersagbarem Effekt, und oft sind sie giftig. Nur die wenigsten von ihnen sind zur Selbstmedikation geeignet und wenn überhaupt, dann nur mit genauer Anleitung. In pharmazeutischen Werken werden aus diesen Pflanzen die Wirkstoffe extrahiert und in Form von fertigen Präparaten, z. B. Tabletten, mit genau eingestelltem Wirkstoffgehalt in den Handel gebracht. Als Beispiel für Forte-Pflanzen seien Fingerhut, Maiglöckchen, Schlafmohn und Tollkirsche genannt. Manche Forte-Pflanzen werden nur in homöopathischer Verdünnung gebraucht. Auch die Sennespflanze gehört zur Gruppe der Forte-Pflanzen. Viele Menschen mit chronischer Verstopfung verwenden die aus ihr hergestellten hochwirksamen Abführmittel, auch im Dauergebrauch,

Bei der Anlage einer Kräuterspirale schafft man unterschiedliche Lebensbedingungen auf kleinstem Raum. Durch die allmähliche Erhebung aus der feuchten Basis reicht die Palette bis hin zum ausgesprochenen Trockenstandort an der Spitze der Spirale.

Der klassische, streng eingeteilte Kräutergarten, wo alles ordentlich und übersichtlich wächst.

Gesteuerter Wildwuchs, wo nur derjenige ernten sollte, der die verschiedenen Kräuter gut kennt.

was zur Gewöhnung führt und auf lange Sicht den Darm schädigen kann. Sie ist ein Beispiel dafür, wie klein oft der Schritt vom vernünftigen therapeutischen Gebrauch zum Missbrauch ist.

Mite-Pflanzen sind alle jene freundlichen Kräuter, die man in der Hausapotheke hat oder haben sollte. Zu nennen wären Kamille, Pfefferminze, Fenchel, Kümmel und Melisse. Wer ihre Wirkung kennt, kann sie bei Krankheiten mit Erfolg einsetzen oder eine ärztlich verordnete Therapie mit ihnen unterstützen. Ihr Einsatzbereich sind vor allem die funktionalen, oft chronischen Beschwerden, bei denen der Einsatz starker Mittel nicht gerechtfertigt ist. Gravierende organische Erkrankungen müssen nach ärztlicher Anweisung häufig mit Medikamenten aus Forte-Pflanzen oder mit chemischen Arzneien behandelt werden.

Außer Forte- und Mite-Pflanzen gibt es noch die Gruppe mit der mittelstarken Wirkung. Mit ihnen kann man sich nach menschlichem Ermessen nicht vergiften, aber die therapeutisch richtige Dosierung sollte unbedingt beachtet werden. Als Beispiele wären Holunder und Arnika zu nennen.

Ganz allgemein ist festzuhalten:

Heilpflanzen, auch die Mite-Pflanzen, sind echte Medikamente.

Für ihre Anwendung gilt:

Nicht der Glaube, sondern die Dosis macht's, ob es hilft oder nicht.

Heilpflanze oder Würzkraut?

Auch die Würzkräuter, Samengewürze und Lauchgewächse sind Heilpflanzen, denn sie werden nicht nur wegen ihres Duftes und Wohlgeschmacks, sondern auch wegen ihrer gesundheitsfördernden Wirkung verwendet. Wer möchte bestreiten, dass Kümmel an Kohlgerichten oder Beifuß an Gänsebraten nicht zuletzt wegen ihres therapeutischen Effekts zugefügt werden, nämlich wegen der besseren Bekömmlichkeit. Ist Knoblauch ein Medikament oder ein Gewürz? Wohl eindeutig beides. Auch bei den Küchenkräutern werden manche gleichermaßen als Arznei wie als Gewürz verwendet. Ein gutes Beispiel ist die Melisse, ein unvergleichlich zartes Salatgewürz, aber in Form von Tee ein nervenberuhigendes, herzstärkendes, Magenschmerzen linderndes Medikament.

Richtiges Würzen mit Kräutern ist für die moderne Vollwertküche unabdingbar. Auch manches Gericht der traditionellen Hausmannskost erhält seinen unverwechselbaren Geschmack erst durch ein ganz spezielles Würzkraut. Aber besonders mit der Zunahme der Fernreisen und dem damit erwachten Interesse an exotischen Gerichten wird das richtige Würzen immer wichtiger. Wohl dem, der einen Garten hat, in dem nicht nur Schnittlauch, Dill und Petersilie wachsen, sondern auch Estragon, „Cilantro" (Koriander), Eberraute, „Knolau" (Schnittknoblauch) und Basilikum! Betont werden sollte außerdem, dass die Küchenkräuter zu den wichtigsten Lieferanten von Mineralstoffen und Spurenelementen gehören.

Die jeweiligen heilsamen Wirkungen der Küchenkräuter und ihre Verwendungsmöglichkeiten für die einheimische und exotische Küche werden in den jeweiligen Pflanzenporträts beschrieben.

Das Ausziehen der Wirkstoffe und das Konservieren von Kräutern

Frisch verwendet werden die meisten Küchenkräuter. Manche von ihnen, wie etwa Basilikum, Petersilie oder Schnittlauch, sollten erst ganz am Schluss den Gerichten zugefügt und nicht mitgekocht werden. Auch Löwenzahn und andere Blättchen zur Frühjahrskur werden frisch verwendet.

Das **Trocknen** von Kräutern ist die wohl älteste und einfachste Methode des Haltbarmachens. Von den Würzkräutern eignen sich nicht alle zum Trocknen, beispielsweise Schnittlauch, Estragon und die Blätter der Doldenblütler, wie etwa Petersilie, Dill oder Liebstöckel. Die meisten Lippenblütler, zum Beispiel Thymian, Oregano und Majoran, behalten dagegen sehr gut ihr Aroma.

Allerdings müssen einige wichtige Regeln beachtet werden. Die Kräuter dürfen nicht bei feuchtem Wetter geerntet werden oder wenn der Tau noch auf den Pflanzen liegt. Ganz besonders empfindlich sind diesbezüglich Königskerzenblüten, Brennnesselkraut und

Trocknen der Kräuter an der Luft.

So werden getrocknete Kräuter aufbewahrt.

Vorbereiten der Kräuter zum Einfrieren.

Beim Einfrieren in Eiswürfeln kann man die Gewürze portionsweise entnehmen.

Holunderblüten. Vor dem Auflegen zum Trocknen dürfen die Pflanzen nicht gewaschen werden.

Die Kräuter dürfen beim Trocknen ihre Eigenfarbe nicht verlieren. Ist die Droge nach dem Trocknen braun oder schwarz verfärbt, dann ist sie wertlos.

Die Kräuter werden auf weißem Papier an einem warmen, luftigen, schattigen Platz ausgebreitet oder sie werden zu Sträußen gebündelt im Schatten aufgehängt. Einige Pflanzen werden in der Sonne getrocknet, zum Beispiel die Blüten der Königskerze.

Künstliche Wärme in der Backröhre oder im Dörrapparat sollte 45 °C nicht überschreiten. Neueren Untersuchungen zufolge ist das Ergebnis des Trocknens im Mikrowellenherd, von der Qualität der Inhaltsstoffe her betrachtet, ausgezeichnet. Die Pflanzen dürfen aber nur in sehr dünner Lage in den Herd gebracht werden, weil sie im frischen Zustand 70 bis 90 % Wasser enthalten, das beim Anschalten der Mikrowelle augenblicklich verdunstet.

Wurzeldrogen, beispielsweise von Löwenzahn, Petersilie, Liebstöckel oder Beinwell, werden im Frühjahr oder Herbst gewonnen. Die Wurzeln werden gewaschen, gut abgetropft, gespalten, mit der Nadel auf einen Faden gezogen und luftig aufgehängt. Wenn sie fast trocken sind, werden sie abgenommen, fein zerschnitten und nachgetrocknet.

Größere, saftige Früchte, wie etwa Hagebutten, werden vor dem Trocknen zerschnitten, kleinere Früchte, beispielsweise von Weißdorn, im Ganzen möglichst rasch getrocknet.

Um die Samenfrüchte von Kümmel, Fenchel und Koriander zu gewinnen, werden die halbreifen Samenstände nachgetrocknet und die Samen abgerebelt.

Die getrockneten Kräuter müssen in gut verschlossenen Gläsern aufbewahrt werden.

Das Einfrieren ist besonders schonend für Vitamine und Aroma. Man wäscht die Kräuter, lässt sie sehr gut abtropfen und zupft die Blätter von den Stielen. Anschließend werden sie im Gefrierbeutel schockgefroren und dann leicht zerdrückt. Für Dill und Petersilie ist diese Art des Einfrierens fast die einzige Konservierungsart, bei der das Aroma erhalten bleibt. Wer geeiste Drinks liebt, kann ganze Minzeblättchen, Minzeblütenstände oder himmelblaue Boretschblütchen in Eiswürfel einfrieren und diese dann dem Getränk zusetzen.

Das **Konservieren mit Salz** ist bei Würzkräutern eine alte und vom Duftergebnis her gar nicht so schlechte Methode. Gut bewährt hat es sich, die gemischten Würzkräuter, vor allem Petersilienblätter, Sellerielaub, Liebstöckel, Bohnenkraut und Majoran, zusammen mit verschiedenen Wurzelgemüsen, wie etwa Sellerie, Gelbe Rüben und Petersilie, durch den Fleischwolf zu drehen. Beim Hacken mit den Drehmessern der Küchenmaschine erhält man meist eine zu ungleichmäßige Zerkleinerung. Die zerkleinerten Kräuter und Wurzeln werden mit Salz gemischt, wobei auf 4 Gewichtsteile Wurzel-Kräuter-Mischung 1 Gewichtsteil Salz kommt. Die Mischung wird in kleine Gläser abgefüllt. Sie ist auch ohne Kühlung den ganzen Winter haltbar und eignet sich besonders gut für Salatmarinaden. Wegen der Geschmacksintensität der Kräuter braucht man bei Verwendung dieser Würzmischung sehr viel weniger Salz als man normalerweise den Speisen zufügt.

Das **Ausziehen** von Kräuterdüften **mit Essig** ist vor allem vom Estragon bekannt. Aber auch Rotes Basilikum, Weinraute, Salbei und die halbreifen Fruchtstände von Dill oder Kümmel ergeben einen guten Würzessig. Besonders delikat wird er, wenn man 2 bis 3 Scheiben Zitrone oder 2 bis 3 Eßlöffel Himbeeren oder Brombeeren mit den Kräutern in den Essig einlegt.

Die Kräuter werden in einer weithalsigen Flasche mit einem guten Wein- oder Obstessig übergossen. Man lässt sie 2 bis 3 Wochen ziehen, dann wird der Essig abgesiebt.

Das **Konservieren mit Speiseöl** kann sowohl für Würzzwecke als auch medizinische Zwecke erfolgen. Würzkräuter geben ihren Duft gut an das Öl ab. Man kann ein Sortiment mit unterschiedlicher Kräutereinlage herstellen, wobei vor allem Thymian, Rosmarin, Oregano und Salbei geeignet sind. Die Kräuter werden in einer Flasche aus hellem Glas so weit mit dem Öl bedeckt, dass dieses mindestens 1 Fingerbreit über den Kräutern steht. Der Ansatz wird etwa 2 Wochen lang in die Sonne gestellt und jeden zweiten Tag geschüttelt. Vorsicht, die Kräuter schimmeln leicht, wenn man zu viele von ihnen nimmt und wenn sie nicht wirklich gut mit dem Öl bedeckt sind. Nach 2 Wochen wird sorgfältig abgesiebt. Medizinisch besonders bekannt ist das Johanniskrautöl, dessen Herstellung beim Porträt dieser Pflanze beschrieben wird (siehe S. 30).

Konservieren mit Salz. Die Inhaltsstoffe bleiben dabei recht gut erhalten.

Kräuteressig und Kräuteröl.

Konservieren durch Fett. Dieses Verfahren wird beispielsweise bei der Bereitung von Ringelblumensalbe angewendet.

Das **Konservieren** von Wirkstoffen **mit Fett** wird vor allem bei der Salbenherstellung praktiziert. In der bäuerlichen Volksmedizin wird dazu gerne Schweinefett verwendet, dessen Schmelzpunkt etwa mit der menschlichen Hauttemperatur übereinstimmt, so dass es sich gut verteilen lässt. Am bekanntesten sind Ringelblumensalbe (Rezept S. 47) und Beinwellsalbe (Rezept S. 22). Wenn Sie dem Schweinefett als Salbengrundlage nichts abgewinnen können, eignen sich auch Melkfett oder Eucerin aus der Apotheke, die aber für die Herstellung der Salbe vorsichtig im Wasserbad erhitzt werden müssen.

Das **Ausziehen** der Wirkstoffe **mit Alkohol** hat sowohl in der Volksmedizin als auch in der wissenschaftlichen Medizin eine lange Tradition. Bei Hildegard von Bingen und auch in der Klostermedizin ist das Einlegen von heilsamen Pflanzen in Weingeist oder Wein von alters her gebräuchlich. Man denke nur an den sehr bekannten „Melissengeist". Alkohol ist ein gutes Lösungsmittel für manche ansonsten flüchtigen Düfte und schwer lösliche Wirkstoffe. Außerdem sind wegen seiner antiseptischen

Eigenschaften die Arzneien außerordentlich gut haltbar. Meistens wird 70-prozentiger Alkohol für diese Art der Konservierung verwendet, in der bäuerlichen Volksmedizin häufig auch ein starker Kornschnaps. Lavendelblüten, Rosmarinzweiglein, Ringelblumen, Gartenarnika oder auch geschnittene Knoblauchzehen werden locker in eine helle, weithalsige Flasche gefüllt und mit dem Alkohol bedeckt. Diesen Ansatz lässt man 3 Wochen lang an einem warmen, hellen Platz ziehen, dann wird abgesiebt und in eine dunkle Flasche abgefüllt, die gut verschlossen wird. Wenn diese alkoholischen Auszüge zum Einreiben verwendet werden sollen, verdünnt man sie mit Wasser mindestens im Verhältnis 1:10. Beim Einnehmen solcher Arzneien muss man sich genau an die jeweilige Dosierungsanleitung halten.

Das **Ausziehen** von Kräuterwirkstoffen **mit Honig oder Zucker** wird vor allem bei Hausmitteln für Erkältungskrankheiten angewendet. Spitzwegerichblätter (S. 55), Löwenzahnblüten, junge Fichtentriebe, Thymian, Engelwurz-

stängel (S. 27) und Fenchelsamen (S. 28) eignen sich besonders gut für solche Rezepte.

Das **Ausziehen** der Wirkstoffe **mit Wasser** wird bei der Teebereitung angewendet. Für die Zubereitung von Kräutertee gibt es einige Grundregeln, jedoch viele Ausnahmen.

Tee aus getrockneten Blättern und Blüten wird meistens folgendermaßen zubereitet: 2 gehäufte Teelöffel der zerkleinerten Droge mit ¼ Liter kochendem Wasser überbrühen und das Gefäß zudecken, 10 bis 15 Minuten ziehen lassen. Je intensiver der Duft der Pflanze ist, desto leichter verflüchtigen sich die ätherischen Öle und desto wichtiger ist es, dass der Tee nicht zu lange zieht oder nach dem Abgießen herumsteht.

Beispiel für eine Ausnahme: Für Misteltee 2 Teelöffel der zerkleinerten Droge mit ¼ Liter Wasser kalt ansetzen, nach 12 Stunden absieben und auf Trinktemperatur erwärmen.

Für Tee aus frischen Blättern und Blüten muss gewichtsmäßig die 5- bis 10fache Menge im Vergleich zu getrockneten Pflanzen verwendet werden, weil frische Pflanzen 70 bis 90 % Wasser enthalten. Die Zubereitung von Tee sollte in der Regel aus der getrockneten Droge erfolgen. Tee aus manchen Frischpflanzen hat bisweilen eine andere, manchmal sogar schädliche Wirkung.

Tee aus getrockneten Früchten wird in der Regel überbrüht, aber manche Arten werden kalt angesetzt, z. B. die Hagebutte.

Tee aus Wurzeldrogen wird meistens kalt angesetzt und dann gleich oder nach einer gewissen Wartezeit zum Sieden erhitzt.

Beispiel für eine Ausnahme: Tee aus Baldrianwurzeln kalt ansetzen, 10 bis 12 Stunden stehen lassen, mehrmals umrühren, auf Trinktemperatur erwärmen und abgießen.

Bei der Zubereitung von Teemischungen wird die Droge im Allgemeinen überbrüht.

Anis

Pimpinella anisum
Doldenblütler

Anbau im Garten

Anis braucht einen warmen, sonnigen Standort. In kühlen Gegenden gedeiht er im Kasten auf der geschützten Terrasse besser als im Beet. Der Boden darf nicht zu Staunässe neigen. Er sollte lehmig und kalkhaltig sein. Wenn nötig, wird er mit Algenkalk, einem kalkhaltigen Steinmehl oder kalkhaltigem Kompost versorgt.
Ausgesät wird im April mit 20 cm Reihenabstand. Anis ist ein Dunkelkeimer. Die Samen müssen demnach mit Erde bedeckt werden. Man muss sorgfältig jäten und nach dem Auflaufen auf 10 cm vereinzeln.

Ernte und Aufbereitung

Wenn die eiförmigen Früchte beginnen sich braun zu färben, werden die Pflanzen abgeschnitten, zu Sträußen gebündelt, aufgehängt und getrocknet. Sukzessive werden die Samen auf ein Papier abgeschüttelt oder abgerebelt. Aufbewahrt werden sie in einem Schraubglas.

Inhaltsstoffe, medizinische Wirkung, Verwendung

Der charakteristische Duft wird durch ein Gemisch ätherischer Öle erzeugt, von denen das Anethol der wichtigste Bestandteil ist.
In der modernen Pflanzenheilkunde wird die Anwendung von Anisfrüchten bei dyspeptischen Beschwerden, also Verdauungsstörungen aller Art sowie bei Katarrhen der Luftwege empfohlen. Als wichtigste Wirkungen werden seine krampflösenden, antibakteriellen Eigenschaften betont. Bei Erkältungskrankheiten erleichtert er das Abhusten von zähem Schleim.
Diese Heilanzeigen haben auch in der Volksmedizin eine lange Tradition. Er ist ein mildes Karminativum, das heißt, er löst Blähungen, allerdings schwächer als Kümmel und Fenchel. Für Kinder ist sein krampflösender Effekt besonders hervorzuheben. Altbekannt ist auch, dass er bei stillenden Müttern den Milchfluss anregt.
Die Aromatherapie empfiehlt das ätherische Anisöl in der Duftlampe oder als Badezusatz bei Überreiztheit, innerer Unruhe und Verspannungen.
Rezept für einen Trank gegen Schlaflosigkeit, besonders bei Kindern:
Eine Tasse Milch mit einem gestrichenen Teelöffel gequetschten Anisfrüchten aufkochen, absieben und 1 Teelöffel Honig zufügen.
Rezept für einen bewährten Tee gegen Blähungen:
1 gehäufter Teelöffel Anis, Fenchel und Kümmel, zu gleichen Teilen gemischt, vor der Zubereitung zerdrücken, am besten mit einem Mörser. Mit $1/4$ l kochendem Wasser übergießen, nach 10 Minuten abseihen. Bei ständiger Neigung zu Blähungen und Bauchkrämpfen 4 bis 6 Wochen lang täglich 2 bis 5 mal 1 Tasse mit Honig gesüßt trinken. Diabetiker dürfen nicht mit Honig und auch nicht mit Zucker süßen.
In der **Tierheilkunde** wird gepulverter Anis bei Hunden, Katzen und Kaninchen als krampflösendes, blähungstreibendes Mittel oder bei Husten unters Futter gemischt.

Verwendung in der Küche

Anis besitzt den nahezu einmaligen Vorzug, dass er sowohl in süßen als auch in pikanten Speisen verwendet werden kann. Besonders beliebt sind Anisplätzchen, Lebkuchen und Gewürzkuchen. Auch süße Aufläufe, Obstsalate und Obstsuppen gewinnen an Geschmack und Bekömmlichkeit durch einen Hauch Anis. Außerdem ist er ein hervorragendes Brotgewürz. Anisfrüchte können im ganzen oder gepulvert zum Würzen von Gemüsegerichten eingesetzt werden. Er ist nicht nur für kräftige Kohlgerichte, sondern auch zum Würzen von feinen Gemüsen zu empfehlen.
In Frankreich gehört ein vor dem Essen geschlürfter anishaltiger Apéritif zu den bewährten, verdauungsfördernden Hausmitteln.

Arnika

Echte Arnika, Garten-Arnika
Arnica montana und *A. chamissonis*
Korbblütler

Vorkommen in der Natur, Anbau im Garten

Arnica montana, die wildwachsende Arnika, auch Bergwohlverleih genannt, kommt im Gebirge auf wenig gedüngten Bergwiesen und in lichten Wäldern vor. Im Flachland wächst sie auf sandig-torfigen Böden. Sie steht unter Naturschutz und darf in der Natur nicht gesammelt werden. *Arnica montana* lässt sich im Garten nur schlecht oder gar nicht kultivieren. Die Landesanstalt für Bodenkultur und Pflanzenanbau in Weihenstephan hat inzwischen Methoden erarbeitet, die Arnika feldmäßig anzubauen, so dass der große Bedarf der Pharmaindustrie mit erstklassiger Ware gedeckt werden kann.

Für die Gartenkultur eignet sich derzeit (2002) nur die aus Nordamerika stammende *Arnica chamissonis.* Ihre getrockneten Blütenköpfe sind unserer einheimischen Arnika etwa gleichwertig. Die Samen von *Arnica chamissonis* werden im zeitigen Frühjahr an einem sonnigen Standort ausgesät. Der Boden sollte humos, kalkfrei, nahrhaft und eher etwas feucht als zu trocken sein.

Ernte und Aufbereitung

Von Juli bis August werden die eben aufgeblühten Blumenköpfe geerntet und getrocknet.

Inhaltsstoffe, medizinische Wirkung, Verwendung

Arnika enthält ein ätherisches Öl, das eine desinfizierende, wundheilende Wirkung besitzt. Die enthaltenen Flavonglycoside sind für die Wirkung auf Herz und Kreislauf verantwortlich. Cumarin erzeugt den „Heublumenduft" der Arnika. Eine Reihe komplizierter organischer Substanzen ergänzt in ihrer Gesamtheit die vielfältigen Wirkungen der Arnika. Nahezu 200 im Handel befindliche Heilmittel und zahlreiche Kosmetika enthalten die Wirkstoffe der Arnikablüten.

Die moderne Pflanzenheilkunde empfiehlt eine Reihe der volksmedizinisch etablierten Anwendungbereiche, nämlich die äußerliche Anwendung als Umschläge oder Waschungen mit Arnikatee oder verdünnter Arnikatinktur, bei Verletzungs- und Unfallfolgen, vor allem bei Blutergüssen, Prellungen, Quetschungen und

bei rheumatischen Muskel- und Gelenkbeschwerden. Außerdem enthalten manche Venenmittel Arnika-Auszüge.

Bei Halsentzündung und Entzündungen der Mundschleimhaut wird zum Gurgeln bzw. zu Spülungen mit Arnikatee oder verdünnter Arnikatinktur geraten.

Vorsicht: Zu hohe Dosierung kann zu Hautschäden führen. Frische, blutende Wunden sollten nicht mit Arnika behandelt werden.

In der Volksmedizin wird die innerliche Anwendung mit Arnikatee bei altersbedingten Störungen der Herzfunktion beschrieben. Das ist allenfalls kurzfristig zu vertreten. Kein Dauergebrauch!

Rezept für Arnikatee:
1 bis 2 Teelöffel getrocknete Blüten mit ¼ l kochendem Wasser übergießen, nach 10 Minuten abseihen. Der Tee wird mäßig warm zum Gurgeln und Spülen verwendet. Für Umschläge noch einmal 1:1 verdünnen.

Rezept für Arnikaspiritus:
Frische Arnikablüten in eine helle Flasche füllen und im Gewichtsverhältnis 1:1 mit 70 %igem Alkohol übergießen. Nach 2 Wochen durch ein engmaschiges Tuch filtern. Wichtiger Hinweis: Arnikaspiritus stets verdünnt anwenden! Zum Einreiben und Mundspülen mindestens im Verhältnis 1:10 verdünnt, für Umschläge 1 Teelöffel bis 1 Esslöffel der Tinktur auf ¼ l Wasser. Für den Dauergebrauch sind alkoholische Auszüge nicht geeignet!

In der **Tierheilkunde** steht ebenfalls die äußerliche Anwendung bei gleichen Krankheitsbildern wie in der Humanmedizin im Vordergrund.

Baldrian

Valeriana officinalis
Baldriangewächs

Vorkommmen in der Natur, Anbau im Garten

Wildwachsend kommt Baldrian in feuchten Wiesen, an Gräben, an Böschungen und bisweilen auch in Wäldern vor.

Im Garten braucht er nahrhaften, humusreichen, feuchten Boden. An zu trockenen und mageren Stellen wird er extrem stark von Blattläusen befallen. Besonders attraktiv fügt sich der Baldrian in die naturnahe Bepflanzung um den Gartenteich ein. Wer jedoch Baldrianwurzeln ernten und verwenden will, muss ihn im Beet anbauen. Empfehlenswerter als das Aussäen ist das Einsetzen vorgezogener Pflanzen, die es in Spezialgärtnereien zu kaufen gibt.

Ernte und Aufbereitung

Im September werden die Wurzeln gegraben und gründlich gewaschen. Durch Kämmen mit einem groben Kamm wird der dichte Filz aus feinen Würzelchen entfernt. Die Wurzeln werden mit der Nadel auf einen kräftigen Faden aufgefädelt und an einem schattigen, luftigen Platz zum Trocknen aufgehängt. Erst während des Trocknungsvorganges entwickelt sich jener charakteristische Baldriangeruch, der Katzen so furchtbar erregt, dass sie ihre natürliche Würde total vergessen. Wenn die Wurzeln fast trocken sind, werden sie mit einer scharfen Schere oder einem Messer zerkleinert, noch einmal nachgetrocknet und in einem Schraubglas aufbewahrt.

Inhaltsstoffe, medizinische Wirkung, Verwendung

In der Wurzel liegt ein Komplex von Wirkstoffen vor. Therapeutisch wirksam ist vor allem ein ätherisches Öl mit dem Hauptbestandteil Isovaleriansäure, die auch den charakteristischen Baldriangeruch verursacht. Bei neuen Forschungen am Baldrian wurden als weitere Stoffgruppe die so genannten Valepotriate gefunden. Ihre Entdeckung wurde in den Medien lebhaft diskutiert. Sie besitzen eine Anti-Stress-Wirkung, sind aber in den üblichen Zubereitungsformen, wie etwa im Tee oder alkoholischen Auszug, nicht enthalten, sondern nur in bestimmten eigens aufbereiteten Medikamenten.

Drei Anwendungsbereiche des Baldrians sind hervorzuheben:

– Nervöse Erregungszustände
– Nervöse Schlaflosigkeit
– Nervöses Herzklopfen

Allerdings haben neuere Untersuchungen ergeben, dass der schlaffördernde, beruhigende Effekt nur bei hoher Dosierung zu erreichen ist. Früher galt Baldrian als Allheilmittel. Er wurde gegen Gicht, Seitenstechen, Pest, Hexen und Dämonen eingesetzt. Erst Ch. W. Hufeland (1762–1836) entdeckte seine beruhigende und nervenstärkende Wirkung.

Wohlgemerkt: Baldrian ist kein Schlafmittel im engeren Sinne und macht nicht müde, sondern baut nervöse Spannungen ab. Er kann in der Regel auch vor Prüfungen oder vor Autofahrten eingenommen werden.

Rezept für Baldrian-Tee:
2 Teelöffel zerkleinerte Baldrianwurzeln mit ¼ l kaltem Wasser übergießen, 10 bis 12 Stunden stehen lassen. Tagsüber oder abends 1 bis 3 Tassen trinken.

Für einen schlaffördernden Tee kann Baldrian mit Hopfenzapfen gemischt werden. Zur Beruhigung bei nervösen Herzbeschwerden ist eine Teemischung aus Baldrian und Melisse zu empfehlen.

Auch der alkoholische Auszug muß ziemlich hoch dosiert werden: 1 ganzen Teelöffel mit Wasser oder Zucker einnehmen.

Rezept für ein Baldrianbad:
100 g Baldrianwurzel mit 2 l Wasser aufkochen, nach 10 Minuten absieben und dem Badewasser zufügen.

In der **Tierheilkunde** wird Baldriantee selten eingesetzt, weil schwer vorauszusagen ist, wie die Arznei auf das Tier wirkt. Es ist jedoch überliefert, dass die Zigeuner Herzschwäche und Atemnot älterer Hunde mit einem starken Baldriantee behandeln.

Basilikum

Ocimum basilicum
Lippenblütler

elle Erschöpfungszustände. Innerlich soll das extrahierte ätherische Öl von Schwangeren nicht genommen werden.

In der Aromatherapie werden dem Duft aufbauende, erfrischende und motivierende Wirkungen zugeschrieben.

In der **Tierheilkunde** werden für die gleichen Indikationen wie in der Humanmedizin vorbeugend und heilend zerkleinerte Basilikumblättchen unters Futter gemischt.

Arten und Sorten, Anbau im Garten

Außer der üblichen groß blättrigen Art *Ocimum basilicum* gibt es noch die klein blättrige Spezies *Ocimum minimum,* die noch intensiver duftet. Die rot blättrige Sorte 'Purpurascens' eignet sich sowohl als Zierpflanze als auch zum Würzen.

Wegen seiner Herkunft aus dem tropischen Indien braucht Basilikum im Garten einen geschützten Standort. Es kann im Mai an Ort und Stelle ausgesät werden, aber es ist besser, das Basilikum in Schalen oder Kästen auf der Fensterbank vorzuziehen. Die Samen brauchen zum Keimen Licht, dürfen also nicht mit Erde bedeckt werden. Jeweils ein kleiner Büschel Keimlinge wird in ein Töpfchen pikiert und erst nach den letzten Nachtfrösten ins Gartenbeet gepflanzt. Der Boden sollte leicht, nahrhaft und humusreich sein. Im Laufe des Sommers erhält das Basilikum einige Male eventuell einen Flüssigdünger oder verdünnte Brennnesseljauche, besonders auf schlechteren Böden.

Ernte und Aufbereitung

Man beginnt bei der Ernte jeweils mit dem Abschneiden der Spitze, dann verzweigt sich die Pflanze und kommt nicht so leicht zum Blühen. Basilikum kann rasch und luftig getrocknet und im Schraubglas aufbewahrt werden.

Inhaltsstoffe, medizinische Wirkung, Verwendung

Das ätherische Öl ist für den Duft und die Wirkung verantwortlich. Es bildet ein Gemisch aus verschiedenen Komponenten, von denen vor allem das Estragol zu nennen wäre. Dazu kommen Gerbstoffe und Flavonoide. In südlichen Ländern wird blühendes, getrocknetes Basilikumkraut als Tee gegen Blähungen und Magenschmerzen sowie zum Gurgeln bei Halsentzündungen verwendet.

Die **Kommission E** hat eine Reihe von Fertig-Arzneimitteln untersucht, in denen das extrahierte ätherische Öl von Basilikum enthalten ist. Die Heilanzeigen sind vielfältig, beispielsweise Erkältungskrankheiten mit Verschleimung, Entzündungen der Harnwege und sexu-

Verwendung in der Küche

Das königliche Basilikum duftet und schmeckt so köstlich, dass es fast schade ist, wenn man es mit anderen Kräutern mischt. In südlichen Ländern kombiniert man es mit Bohnenkraut, Rosmarin und Korianderfrüchten sowie besonders mit Knoblauch. Kleingewiegt verwendet man es für Salate, Soßen, Suppen, Kräuterbutter, Pizza und Nudelgerichte.

Rezept für Pesto, eine in Italien besonders zu Nudelgerichten viel verwendete Soße:
Ca. 200 g frische Basilikumblätter werden klein gezupft und im Mörser mit etwas Salz zerrieben. Frisch gemahlener Weißer Pfeffer, zerquetschte Knoblauchzehen und 2 Eßlöffel Pinienkerne zugeben und mit dem Stößel zu einer gleichmäßigen Paste zerstoßen. 80 g geriebenen Käse zugeben (in Italien nimmt man Pecorino), 200 ml Olivenöl oder zerlassene Butter langsam dazugeben und weiterrühren, bis die Soße cremig wird.

Rezept für einen kleinen italienischen Imbiss:
In Scheiben geschnittene Tomaten und in dünne Scheiben geschnittener Mozzarella-Käse werden mit reichlich Basilikum und Knoblauch gewürzt. In Italien wird dieser kleine Imbiss meistens noch mit einer Marinade aus Essig und Olivenöl angemacht.

Beifuß

Artemisia vulgaris
Korbblütler

Vorkommen in der Natur, Anbau im Garten

Wildwachsend ist Beifuß häufig im dörflichen oder städtischen Ödland und an Wegrändern zu finden. Im naturnahen Garten genügt es, an sonnigen, trockenen Stellen ein wenig Beifuß-samen auszustreuen, den man bei einem Sommerausflug am Wegrand gesammelt hat. Irgendwo geht er in jedem Fall auf und hält dem Garten dann auch die Treue. Wer es mit der Ordnung im Garten genauer nimmt, kauft ein Pflänzchen beim Gärtner. Will man verhindern, dass die Pflanze sich selbst aussät, müssen die Blütenstände rechtzeitig abgeschnitten werden.
Der Boden sollte durchlässig, nahrhaft und trocken sein, aber viel wichtiger als die Bodenqualität ist Sonne.

Ernte und Aufbereitung

Zu Beginn der Blütezeit werden die Stängel geschnitten und gebündelt zum Trocknen aufgehängt, oder die Blütchen werden gleich vorsichtig abgestreift, getrocknet und in einem Schraubglas aufbewahrt.

Inhaltsstoffe, medizinische Wirkung, Verwendung

Der wertvollste Inhaltsstoff ist das angenehm duftende ätherische Öl Cineol, das besonders in den Drüsenhaaren an den Blütchen enthalten ist. Bitterstoffe befinden sich vor allem in den Blättern und Wurzeln.
Die Verwendung des Beifuß hat in der Volks-medizin eine lange Tradition. Bei den Germanen und Kelten wurde er als „Mutter aller Kräuter" verehrt. Hildegard von Bingen empfiehlt eine Gemüsezubereitung aus dem Beifuß gegen „kranke Eingeweide". Ganz allgemein wird er seit alters her bei verdorbenem Magen empfohlen. Er gilt als fäulniswidrig und deshalb wird sein Tee bei Magen- und Darmstörungen mit üblem Mundgeruch und stinkenden Durch-fällen gegeben. Auch bei Hämorrhoiden und der Neigung zu häufigen Kopfschmerzen sowie bei allgemeinen Schwächezuständen ist eine Beifuß-Teekur von 4 bis 6 Wochen einen Versuch wert. Bei Menstruationsbeschwerden wird er ebenfalls empfohlen.
Die **Kommission E** hält die medizinische Wirksamkeit von Beifuß für nicht belegt und konnte sich zu keiner Empfehlung entschließen. Das ist schwer zu verstehen, denn erfahrungsmedizinisch sind die beschriebenen Heilwirkungen gut belegt sowie vor allem eine verbesserte Saftproduktion im Magen und im Darm. Außerdem werden die Gallensaftproduktion und der Gallefluss angeregt.
Vorsicht: Beifuß kann allergische Reaktionen auslösen. Schwangere sollten Beifuß-Tee wegen seiner abortiven Wirkung meiden.

Rezept für Beifußtee:
1 Teelöffel getrocknetes, zerkleinertes Beifuß-kraut mit ¼ l kochendem Wasser übergießen, nur etwa 1 bis 2 Minuten ziehen lassen, absieben. Bei Bedarf täglich 1 bis 3 Tassen trinken.
In der **Tierheilkunde** kann eine tierärztlich verordnete Therapie gegen Eingeweidewürmer mit Beifußpulver (im Mörser zerriebene Beifußblütchen) unterstützt werden. Kleinsäuger, wie etwa Goldhamster, Streifenhörnchen oder Meerschweinchen, erhalten täglich 2 Messerspitzen, Kaninchen und Katzen 1 gestrichenen Teelöffel, Hunde je nach Größe bis zu 4 gestrichene Teelöffel, Kühe und Pferde 50 g. Das Beifußpulver wird ins Futter gemischt.

Verwendung in der Küche

Beifußblütchen werden als Gewürz den Fleischspeisen zugefügt.
Rezept für ein Mus aus Beifuß nach Hildegard von Bingen:
Frisches Beifußkraut wird in etwas Fett, am besten Butter, als Gemüse gedünstet. Zugabe von etwas klein geschnittener Zwiebel verbessert Geschmack und Wirksamkeit.

Beinwell

Arznei-Beinwell,
Symphytum officinale
Komfrey, *S. peregrinum*
Raublattgewächs

Vorkommen in der Natur, Anbau im Garten

Wildwachsend kommt Beinwell entlang von Wassergräben, an Bachufern und in sumpfigen Wiesen vor.

Für den Garten ist der aus Russland stammende Komfrey zu empfehlen, der bis 150 cm hoch wird. Der Boden sollte feucht und humusreich sein. Das Pflanzloch wird gut mit Kompost und einem organischen Langzeitdünger vorbereitet.

Ernte und Aufbereitung

Die Wurzel wird von März bis Mai oder noch besser im Spätherbst geerntet, gereinigt, gespalten, auf einen Faden gezogen und getrocknet. Für die Beinwellsalbe wird die frische Wurzel verwendet.

Inhaltsstoffe, medizinische Wirkung, Verwendung

Die Hauptwirkstoffe, nämlich Allantoin und Schleim, sind in der Wurzel in besonders hoher Konzentration vorhanden. Der Name Beinwell (= Knochen zusammenfügen) sagt aus, wofür die Pflanze seit alters her verwendet wurde, nämlich zur Unterstützung der Heilung bei Knochenbrüchen. Auch heute noch sind Umschläge aus dem Tee der Beinwellwurzel oder das Auftragen von gekaufter oder selbst gefertigter Beinwellsalbe bei der Heilung von Prellungen, Zerrungen, Verstauchungen und Knochenverletzungen zu empfehlen.

Die eben beschriebenen Heilanzeigen sind auch die von der **Kommission E** angegebenen Empfehlungen.

Ein zweiter, altbewährter Einsatzbereich wurde von der sehr streng urteilenden Kommission nicht übernommen, nämlich die Heilung von Wunden und Geschwüren. Vor allem bei offenen Beinen, chronischen Eiterungen und schlecht heilenden Geschwüren bringen Beinwellumschläge rasche Linderung. Durch den Inhaltsstoff Allantoin wird das Wundsekret verflüssigt, die Wunde reinigt sich und die Heilung kann beginnen. Diese bewährte Heilanzeige wird auch von modernen, wissenschaftlich orientierten Lehrbüchern der Pflanzenheilkunde empfohlen. Die besondere Vorsicht der Kommission beruht darauf, dass die Beinwellpflanze Pyrrolizidinalkaloide enthält, die in höherer Dosierung oder bei häufiger Anwendung im Tierversuch Krebs erzeugen wirken können.

Fazit: Von einer innerlichen Anwendung in Form von Tee, die früher oft als Begleittherapie zur äußerlichen Behandlung empfohlen wurde, ist abzuraten. Wenn Sie sehr vorsichtig sein wollen, bringen Sie Salbe, Umschläge oder Fertigarzneien aus Beinwell nur auf unverletzte Haut. Ob Sie sich die jahrhundertelangen Erfahrungen mit der Beinwellbehandlung bei offenen Geschwüren und Wunden zunutze machen oder sich den strengen Empfehlungen der Kommission anschließen wollen, müssen Sie selbst entscheiden.

Rezept für Beinwellsalbe:
½ kg ungesalzenes Schweinefett im Topf auf etwa 70 °C erhitzen. Ein Stück frische, gesäuberte Wurzel, etwa so groß wie eine halbe Faust, wird mit dem groben Reibeisen in das Fett hineingeraffelt. 3 Stunden lang hält man das Gemisch heiß und rührt immer wieder um. Absieben, in ausgebrühte Gläser füllen, gut verschließen.

In der **Tierheilkunde** werden Umschläge mit Beinwelltee und Auftragen von Beinwellsalbe bei den gleichen Krankheiten verwendet wie in der Humanmedizin, also bei stumpfen Verletzungen, Blutergüssen, rheumatischen Beschwerden, schlecht heilenden Wunden und Geschwüren. Auf dem Land wird die Beinwellsalbe mit Erfolg bei Euterentzündungen eingesetzt.

Bohnenkraut

Einjähriges Bohnenkraut,
Satureja hortensis
Berg-Bohnenkraut,
S. montana
Lippenblütler

Bohnenkraut-Arten, Anbau im Garten

Das Einjährige Bohnenkraut ist ein stark duftendes, niedriges Pflänzchen mit schmalen Blättern und weißlila Blütchen. Das Berg-Bohnenkraut ist eine ausdauernde Pflanze mit weißlichen Blütchen, die bis weit in den Winter hinein grün bleibt.
Beide Bohnenkräuter brauchen warmen, lockeren, trockenen Boden, sparsame Düngung mit Kompost und einen sonnigen Standort.
Das Einjährige Bohnenkraut kann im April in Schalen oder Kästen auf der Fensterbank ausgesät werden. Will man es um diese Zeit schon im Freien aussäen, braucht es Folienschutz. Ab Mitte Mai kann es ohne Schutz im Freiland ausgesät werden, oder vorgezogene Pflänzchen werden ins Beet gesetzt.
Vom ausdauernden Berg-Bohnenkraut kauft man am besten einige Pflänzchen und setzt sie in den Steingarten oder als Randbepflanzung ins Gemüsebeet, beispielsweise abwechselnd mit Thymian und Dost, Abstand 25 bis 30 cm. Winterschutz mit Reisig ist zu empfehlen.

Ernte und Aufbereitung

Während der ganzen Vegetationszeit kann das Bohnenkraut frisch geschnitten werden. Wenn man es nicht bis zum Boden abschneidet, treibt es wieder aus. Auch in getrockneter Form behält es sein Aroma.

Inhaltsstoffe, medizinische Wirkung, Verwendung

Das ätherische Öl der beiden Bohnenkräuter ist ein Gemisch aus mehreren Komponenten, von denen Carvacrol, Cymol und Thymol hervorzuheben sind. Gerbstoffe, wenig Bitterstoffe und etwas Schleim ergänzen die Wirkung. Das Berg-Bohnenkraut schmeckt etwas strenger.
Die medizinischen Empfehlungen beziehen sich auf das Einjährige Bohnenkraut. Es beeinflusst den gesamten Magen- und Darmtrakt günstig. Es fördert die Verdauung und kann als Mittel gegen Blähungen und bei Durchfall mit Gärungserscheinungen sowie zur Appetitanregung eingesetzt werden. Als Medizin gibt man den Tee, der auch bei Husten und Verschleimung hilft. Diabetiker trinken diesen Tee gerne, weil er nachhaltig den Durst löscht. Altbewährt sind auch Bohnenkraut-Bäder zur unterstützenden Therapie bei Keuchhusten der Kinder und bei Asthmatikern.
Rezept für durstlöschenden Tee:
2 Teelöffel des getrockneten Krauts mit $1/4$ l kochendem Wasser übergießen, 10 Minuten ziehen lassen, absieben. Bei Verwendung als Hustentee mit Honig süßen.
Rezept für einen Badezusatz:
100 g getrocknetes Kraut mit 1 l kochendem Wasser übergießen, 20 Minuten ziehen lassen, absieben und dem Badewasser zusetzen.

Verwendung in der Küche

Das Einjährige Bohnenkraut wurde im Mittelalter „Wurstkraut" oder auch „Arme-Leute-Gewürz" genannt und wegen seines scharfen Geschmacks als Pfeffer-Ersatz verwendet. Am besten passt Bohnenkraut, der Name sagt es, zu Bohnen, wobei man es mitkocht. Deftige Hausmannskost wird durch Bohnenkraut bekömmlicher. Es ist auch für die salz- und pfeffersparende Diätküche zu empfehlen.
Rezept für eine salzsparende Kräutermischung:
Bohnenkraut, Majoran, Sellerieblätter, Liebstöckel und Beifußblütchen werden getrocknet, etwa zu gleichen Teilen gemischt, fein pulverisiert und zum Würzen von Suppen, Soßen, Salaten und Gemüse verwendet. Die Auswahl dieser Kräuterkombination erfolgt aufgrund ihres hohen Gehalts an Mineralstoffen und Spurenelementen, wodurch ein etwas „salziger" Geschmack zustande kommt.

Boretsch

Borago officinalis
Raublattgewächs

Anbau im Garten

Boretsch muss im Allgemeinen nur einmal ausgesät werden. Dann vermehrt er sich weiterhin großzügig selbst und hält dem Garten die Treue. Dazu tragen auch die Ameisen bei, die den Samen hierhin und dorthin verschleppen. Die eine oder andere Boretschpflanze lässt man stehen, wo es genehm ist, z. B. auch im Staudenbeet, wo die stattliche Pflanze mit ihren himmelblauen Blüten hübsch aussieht.
Boretsch braucht einen nahrhaften, durchlässigen Boden, wie er meistens im Gemüsebeet vorliegt, sowie viel Wasser und viel Sonne.

Ernte und Aufbereitung

Boretschblätter werden nur frisch verwendet und eignen sich für keine Art der Konservierung. Man sollte möglichst nur junge Blättchen nehmen, deren borstige Haare noch weich sind.

Inhaltsstoffe, medizinische Wirkung, Verwendung

Boretschkraut besitzt Spuren von ätherischem Öl, einen hohen Mineralstoffgehalt, besonders Kalium, Schleimstoffe und Saponin. Genau wie der schon beschriebene und mit ihm verwandte Beinwell enthält der Boretsch geringe Mengen von Pyrrolizidinalkaloide.
In der traditionellen Volksmedizin wurde besonders die stimmungsaufhellende Wirkung des Boretsch hervorgehoben. So schreibt P. A. Matthiolus im 16. Jahrhundert von ihm: *„Die holdselige Boragenblumen sterken das herz und hirn, erwecken die verzagte Menschen zu frewd und leichtsinnigkeit, leutern das geblütt und nützen in aller schwachheit."* Vor allem wurde der Boretsch für Schwerkranke eingesetzt, um deren Leiden zu erleichtern. Auch bei Depressionen der Wechseljahre soll der tägliche Genuss von Boretsch die Stimmung verbessern. Die Vorschriften über Art und Menge der Einnahme sind sehr widersprüchlich.
Ein wichtiger Einsatzbereich ist seit alters her die „blutreinigende" Wirkung, die sich bei rheumatischen Erkrankungen günstig auswirkt.

Verwendung in der Küche

Trotz der vorhin ausgesprochenen Warnung können junge Boretschblättchen zum Würzen eingesetzt werden. Bei uns in Deutschland werden die Blättchen in feine Streifen geschnitten und der Salatmarinade zugefügt. Besonders gut passen sie zu Gurkensalat. Boretschblättchen sind auch Bestandteil der Frankfurter Grünen Soße und werden gerne zusammen mit Dill und Basilikum oder anderen Kräutern zu Kräuterbutter verwendet.
Ein niedlicher Party-Gag: Frische Boretschblütchen in den Eiswürfelbehälter legen, mit Wasser übergießen, einfrieren. Im Sommer werden diese Eiswürfel mit den Blüten zu Saft, Bowle oder sonstigen Longdrinks serviert.
In Ligurien, jener Landschaft an der Riviera, die als „Kräutergarten Italiens" gilt, wird der Boretsch außerordentlich geschätzt und viel verwendet. Dort wird auch *Borago laxiflora* angebaut, eine ausdauernde Spezies, die auch hierzulande von Spezialgärtnereien angeboten wird. Diese Boretsch-Art ist etwas niedriger und ihre Blätter sind etwas rauer. Sie eignet sich gut für Töpfe und Balkonkästen. Im Freien braucht sie in kalten Lagen Winterschutz.
Rezept für Ligurischen Risotto:
1 gehackte Zwiebel und 2 zerquetschte Knoblauchzehen in 50 bis 100 g Butter (im Original auch mit Knochenmark) goldgelb dünsten. 250 g Rundkornreis (Avorio) zugeben, gut andünsten. 1 l Brühe (oder halb Weißwein, halb Brühe) angießen, im offenen Topf kochen, immer wieder umrühren. 375 g Mangold putzen, grob zerkleinern, nach 15 Minuten zum Reis geben. Ein Bund Boretsch putzen, grob hacken, am Schluss unter den Risotto heben. Mit gerösteten Pinienkernen und geriebenem Parmesan servieren.

Brennnessel

Große Brennnessel, *Urtica dioica*
Kleine Brennnessel, *U. urens*
Brennnesselgewächs

Brennnessel-Arten, Vorkommen, Wachstumsbedingungen im Garten

Es gibt zwei Brennnessel-Arten, nämlich die Große und die Kleine Brennnessel. Beide sind Kulturfolgerinnen des Menschen. Der natürliche Standort der Großen Brennnessel sind Ufersäume sowie Auwälder und Gebüsche mit feuchtem, nährstoffreichem Boden. Am üppigsten gedeiht sie auf Schuttplätzen, an Gartenzäunen und rund um den Misthaufen. Auch in einem gepflegten Garten wird sich ein Platz für einen kleinen Bestand finden lassen, z. B. auf Obstbaumscheiben, neben dem Kompostplatz oder unter einem Strauch.

Die Kleine Brennnessel wächst in den Dörfern an Mistplätzen und auf nährstoffreichen, vor allem ammoniakhaltigen Ackerböden. Alle ihre Haare sind Brennhaare, so dass sie noch unverschämter brennt als die Große Brennnessel.

Ernte und Aufbereitung

Im Frühling werden die jungen Triebe geschnitten und frisch oder getrocknet als Tee verwendet, ebenso die Wurzeln. Die Samen werden Salaten zugemischt.

Inhaltsstoffe, medizinische Wirkung, Verwendung

In den Brennhaaren ist Ameisensäure und Histamin enthalten. Beide Stoffe bewirken die Hautreizung bei der Berührung. Außerdem enthält das Brennnesselkraut kreislaufwirksames Acetylcholin, viel magnesiumreiches Blattgrün (Chlorophyll), Eisen, verschiedene Vitamine, Enzyme und weitere komplizierte Wirkstoffe.

Der hohe Gehalt an Vitamin E (Tokopherol) in den Samen ist hervorzuheben.

Verwendet werden das Brennnesselkraut, volksmedizinisch auch die Wurzel und die Samen. Die häufigste Anwendung ist der Tee. Früher wurde die Brennnessel gedämpft als „Brennnesselspinat" zur Frühjahrkur eingesetzt. Vom Genuss größerer Mengen ist abzuraten, weil die Brennnessel fast stets Nitrat speichert. Dies ist besonders für Kinder schädlich.

Brennnesseltee wirkt stoffwechselanregend und ist ein Diuretikum, das heißt, er sorgt für Ausschwemmung von Harnsäure aus dem Körpergewebe und Ausscheidung durch die Nieren. Eine längere kurmäßige Anwendung bringt deutliche Erfolge, besonders bei Rheuma, Arthrose und Gicht sowie bei der Neigung zu Harngrieß. Bei leichten bis mittelschweren Fällen von nachlassender Herztätigkeit (Dekompensation) verordnet man heutzutage häufig zunächst Brennnesselsaft oder Brennnesseltee und ist mit stärkeren Mitteln etwas zurückhaltender. Bei Nierenschwäche, die sich in Form von Schwellungen (Ödemen) zeigt, muss man allerdings mit Durchspülungstherapien vorsichtig sein. Altbekannt ist auch die Behandlung von

Beschwerden bei vergrößerter Prostata mit Tee aus Brennnesselwurzeln.

Diese in der Volksheilkunde überlieferten Heilanzeigen werden auch von der modernen Medizin anerkannt.

Rezept für Tee aus frischen Brennnesseln:
6 bis 8 etwa 10 cm lange junge Brennnesseltriebe mit 1 l Wasser kurz aufkochen, 5 Minuten ziehen lassen, über den Tag verteilt trinken. Der etwas strenge Geschmack kann durch Zugabe von Pfefferminze verbessert werden. Diese „blutreinigende" Frühjahrskur, die etwa 4 Wochen lang dauern soll, hat eine erfreuliche Nebenwirkung: Sie bewirkt glänzende, gut frisierbare Haare.

In der **Tierheilkunde** können junge Brennnesselblätter allen Tieren, die Pflanzen verzehren, kleingeschnitten ins Futter gemischt werden. Vorher werden die Brennhaare durch leichtes Rollen mit einem Nudelholz unschädlich gemacht. Auch Brennnesselsamen können Pferden, Hunden, Katzen und Kleinsäugern ins Futter gemischt werden, je nach Größe des Tieres ½ Teelöffel bis 2 Esslöffel. Weil auch die Fruchtstände oft Brennhaare besitzen, drückt man sie vor dem Verfüttern ein wenig mit dem Esslöffel.

Dill

Anethum graveolens
Doldenblütler

Anbau im Garten

Dill möchte „den Kopf im Feuer der Sonne und die Füße im feuchten Schatten haben", sagt ein alter Gärtnerspruch. Das erreicht man besonders gut dadurch, dass man für Bodenschluss sorgt, indem man den Dill in Mischkultur mit Gurken, Zwiebeln oder Salat pflanzt. Im April und dann bis Ende Mai streut man alle 14 Tage die Samen in Reihen mit 20 cm Abstand ins lockere, feuchte Gartenbeet, das gut mit reifem Kompost versorgt wurde. Wie bei den meisten Doldenblütlern dauert es lange, bis die Saat aufläuft. In dieser Zeit muss sorgfältig gejätet werden. Zu dicht stehende Pflänzchen werden vereinzelt. Wenn der Dill häufig geschnitten wird, braucht er ab und zu eine leichte Kopfdüngung mit einem stickstoffhaltigen Dünger, z. B. Brennnesseljauche 1:20 verdünnt.

Eigentlich ist der Anbau von Dill keine Kunst, dennoch mag er in manchen Gärten trotz kompetenter und liebevoller Pflege einfach nicht wachsen. Das liegt häufig am Befall mit Wurzelläusen, was besonders auf leichten Böden geschieht.

Ernte und Aufbereitung

Die jungen Blättchen werden frisch geerntet und den Speisen zugesetzt. Sie eignen sich nicht zum Trocknen, aber gut zum Einfrieren: Die Blättchen werden gewaschen, sehr gut abgeschüttelt, in einen Tiefkühlbeutel gefüllt und rasch eingefroren. Zum Würzen werden sie leicht zerrieben.

Inhaltsstoffe, medizinische Wirkung, Verwendung

Dill enthält ein Gemisch ätherischer Öle, von denen das Carvon hervorzuheben ist. Für die gesundheitsfördernde Wirkung im frischen Zustand ist vor allem auch der hohe Gehalt an Vitaminen und Mineralstoffen verantwortlich. Volksmedizinisch verwendet wurden früher die Dillfrüchte. Wegen ihrer leicht krampflösenden und antibiotischen Wirkung wurden sie bei Magen-Darm-Infektionen und bei Durchfällen eingesetzt. Auch zur Nierenanregung und zur Steigerung der Milchsekretion wurde der Tee aus Dillfrüchten empfohlen. Einige im Handel befindliche Fertigarzneien enthalten Auszüge aus Dillfrüchten.

Die **Aromatherapie** setzt das ätherische Öl des Dills ein und schreibt ihm eine „subtile Wirkung" auf die Psyche zu. Die Gladiatoren im alten Rom haben sich vor dem Kampf mit einem aus Dillfrüchten gewonnenen Öl den Körper eingerieben. Sollte sich dieser Nimbus von Kraft nicht auch auf unseren Organismus auswirken, wenn wir den Dill ausgiebig zum Würzen einsetzen?

Verwendung in der Küche

Dillblättchen sollten nicht mitgekocht und nicht mit anderen Kräutern gemischt werden, die einen ähnlich charakteristischen Eigenduft haben. Gut passt der Dill zu Zwiebeln und Knoblauch. Unreife Samenstände werden zum Einlegen von sauren Gemüsen verwendet, besonders von Gurken und Sauerkraut.

Rezept für Dillkartoffeln (4 Personen) zu Fisch, gekochtem Fleisch oder Eiern:

½ Zwiebel oder 2 Schalotten klein gewürfelt in wenig Butter oder Margarine glasig dünsten. ½ l kräftige Fleisch- oder Gemüsebrühe angießen, 3 Esslöffel fein gemahlenen, in der Pfanne leicht angerösteten Weizen mit dem Schneebesen in die kochende Brühe einrühren, 2 bis 3 Minuten kochen lassen. Zum Schluss 3 Eßlöffel Crème fraîche, 2 Teelöffel mittelscharfen Senf und eine große Portion gehackten Dill unterrühren. 1 kg geschälte, gewürfelte Pellkartoffeln in der Soße erwärmen, gleich servieren.

Engelwurz

Angelica archangelica
Doldenblütler

Vorkommen, Anbau im Garten

Die Engelwurz braucht im Garten viel Platz, denn sie wird bis zu 2 m hoch. Samen oder vorgezogene Pflanzen gibt es im Heilkräuter-Fachhandel. Die Samen werden im September im Beet ausgesät und gehen im folgenden Frühling auf. Die Engelwurz wird kaum älter als 2 bis 3 Jahre. Sie braucht einen sonnigen bis halbschattigen Standort und lockeren, feuchten, nahrhaften Boden. Die Erde im und um das Pflanzloch wird mit Kompost und Hornspänen versorgt.
Sehr „natürlich" sieht die Engelwurz neben dem Gartenteich aus, allerdings sollte keine ständige Staunässe vorliegen.

Ernte und Aufbereitung

Medizinisch verwendet wird vor allem der Wurzelstock. Er wird im Frühjahr oder Herbst ausgegraben, gründlich gereinigt, gespalten und zum Trocknen aufgehängt. Wenn die Wurzel fast trocken ist, wird sie zerkleinert und nachgetrocknet. Die Droge muss in einem sehr gut verschlossenen Glas aufbewahrt werden, weil sie besonders leicht von Schädlingen befallen wird.
Auch aus den Stängeln kann ein hervorragendes Medikament zubereitet werden *(siehe Rezept)*. Seltener werden die Blätter getrocknet und für Tee verwendet.
Falls Sie Engelwurz in der Natur ernten, bitte ganz genau bestimmen! Verwechslung mit anderen hochgiftigen Doldenblütlern, z. B. dem Schierling, ist möglich.

Inhaltsstoffe, medizinische Wirkung, Verwendung

Von den Wirkstoffen wäre besonders das ätherische Öl hervorzuheben sowie Bitterstoffe und chemische Abkömmlinge des Cumarins.
Vorsicht: Alle Pflanzenteile wirken fotosensibilisierend. Das heißt, wenn man die Pflanze berührt und diese Hautpartien nachher der Sonne aussetzt, bekommt man juckende, brennende Reizungen oder schwer heilende Ekzeme. Dies gilt besonders für weiche Hautteile, wie etwa den Unterarm. Diese Gefahr der Fotosensibilisierung soll bei Menschen mit besonders zarter Haut auch dann bestehen, wenn Tee oder Medikamente aus der Engelwurz innerlich angewendet werden.
Engelwurz ist ein typisches „Amarum aromaticum", also eine Droge, bei der ätherische Öle und Bitterstoffe kombiniert sind. Sie ist ein verdauungsförderndes Magenmittel, das im Darm desinfizierend wirkt und Blähungen beseitigt. Sie regt die Gallensekretion an und wirkt nierenanregend. Auch bei Bronchitis ist ein Tee aus der Wurzel heilsam. Engelwurz ist auch in Fertigarzneien, häufig in Verbindung mit Enzianwurzel, Kümmel oder Wermut enthalten. Verschiedene verdauungsfördernde Liköre enthalten ebenfalls Auszüge aus der Wurzel.
Die naturheilkundlich ausgerichtete Medizin empfiehlt die Anwendung bei Magen-Darm-Infektionen mit Fäulniserscheinungen, bei Völlegefühl und Blähungen sowie bei krampfartigen Beschwerden im Magen-Darm-Trakt.
Rezept für kandierte Engelwurzstängel:
Die hohlen Stängel werden in etwa 3 cm lange Stücke geschnitten und in einem Glas mit Zucker etwa halb und halb gemischt. Das Glas wird fest verschraubt. Es entsteht ein süßer und stark aromatischer Sirup, mit dem vor allem Hustentee gesüßt werden kann, wobei jeweils auch ein Stück Stängel in die Tasse gegeben wird. In dieser Form macht die Pflanze ihrem zweiten Namen „Brustwurz" alle Ehre.
Rezept für Engelwurztee:
2 gehäufte Teelöffel der Wurzel mit 1/4 l kaltem Wasser übergießen, zum Sieden erhitzen, 2 Minuten ziehen lassen, absieben und mäßig warm schluckweise 2 bis 3 Tassen pro Tag trinken.

Fenchel

Foeniculum officinale
Foeniculum dulce
Doldenblütler

Sorten, Anbau im Garten

Als Gewürzpflanze wird *Foeniculum dulce* angebaut, der große, süß schmeckende Früchte hervorbringt
Medizinisch verwendet wird *F. officinale* mit leicht bitter schmeckenden Früchten.
Vom sehr bekömmlichen, kalorienarmen Gemüsefenchel, *F. vulgare* var. *azoricum*, werden die zwiebelartig verdickten Blattscheiden verzehrt.
Eine aparte Zierpflanze ist der rotlaubige Bronzefenchel (*F. vulgare* var. *rubrum*).
Alle Fenchelsorten brauchen tiefgründigen, nährstoffreichen, kalkhaltigen Boden. Der Wurzelbereich darf nie austrocknen. Der Standort muss sonnig sein, sonst reifen die Samen nicht aus. Fenchel wird im Frühling ausgesät. Nach dem Vereinzeln sollte der Abstand von Pflanze zu Pflanze ca. 50 cm betragen. Zum Gewinnen der Fenchelfrüchte als Gewürz oder für den medizinischen Gebrauch werden nur wenige Pflanzen benötigt. Im Herbst wird das Laub zurückgeschnitten und Winterschutz aus Reisig aufgelegt. Gewürz- und medizinischer Fenchel werden 2–3 Jahre alt.

Ernte und Aufbereitung

Die reifen Dolden werden abgeschnitten. Man lässt sie antrocknen und schüttelt oder rebelt die reifen Früchte auf weißes Papier ab. Sie werden in Schraubgläsern aufbewahrt.

Inhaltsstoffe, medizinische Wirkung, Verwendung

Fenchelfrüchte enthalten ein Gemisch aus ätherischen Ölen mit den Hauptbestandteilen Fenchon und Anethol. Zwei Hauptwirkungen sind dem Fenchel zuzuschreiben: Erstens ist er ein Karminativum, löst also quälende Blähungen und auch Darmkrämpfe. Er hat besonders in der Kinderheilkunde eine große Bedeutung. Das Erste, was ein Neugeborenes bekommt, noch vor der Muttermilch, ist in der Regel Fencheltee. Als zweite Hauptwirkung wäre zu nennen, dass er in Form von Tee oder anderen Zubereitungsarten ein mildes Expektorans ist, also das Abhusten von zähem Schleim erleichtert. Weniger bekannt ist die Behandlung von Entzündungen am äußeren Auge, besonders als Teemischung aus Augentrost und Fenchel-

früchten. Eine Reihe von Augentropfen und Augenwässer für Umschläge enthalten Fenchelauszüge.
Diese volksmedizinisch seit mehr als 2000 Jahren bekannten Wirkungen konnten durch moderne wissenschaftliche Untersuchungen voll bestätigt werden.
In der Tierheilkunde werden zerquetschte Fenchelfrüchte vorbeugend und heilend dem Futter bei der Neigung zu Blähungen oder bei Husten zugefügt oder dem Tier wird leicht gesüßter Fencheltee angeboten.
Rezept für eine Arznei als erste Hilfe bei Husten:
$1/2$ Teelöffel Fenchelsamen im Mörser quetschen, mit 1 Teelöffel Honig verrühren, ganz langsam in winzigen Portionen einnehmen, lange im Mund behalten. Diese sehr wirksame Zubereitung hat den schönen alten Namen „Latwerge".

Verwendung in der Küche

Im Mörser zerquetschte Fenchelfrüchte würden es verdienen, dass man sie öfter in der Küche zum Würzen einsetzt als es hierzulande geschieht. Brot, verschiedene Gemüse und Soßen werden durch Fenchel verbessert und bekömmlicher. Eine Spezialität aus Umbrien, einer Landschaft Mittelitaliens, ist Porchetta (= Spanferkel), das mit Knoblauch, Rosmarin und Fenchel gewürzt im Ofen gebacken wird. Auch Fisch wird in Italien häufig mit Fenchel gewürzt.

Holunder

Sambucus nigra
Geißblattgewächs

Botanische Informationen, Wachstumsbedingungen, Kultur

Im Garten ist der ideale Platz für den Holunder neben dem Kompost oder in der naturnahen Hecke. Er braucht einen tiefgründigen, nahrhaften Boden. Wenn ihn kein Vogel „ansät", ist eine der Kultursorten empfehlenswert.
Die jungen Triebe werden stark von der Schwarzen Holunderblattlaus heimgesucht, vor allem wenn der Strauch zu trocken steht. Die Läuse gehen im Allgemeinen nicht auf andere Gartenpflanzen über, sondern ziehen sich im Sommer in den Boden zurück und kommen erst im Herbst zur Eiablage wieder heraus. Aufregung wegen der Läuse oder gar Bekämpfungsmaßnahmen sind überflüssig.
Außer dem Schwarzen Holunder gibt es noch zwei weitere Arten in unserer Flora:
Attich oder Zwerg-Holunder *(Sambucus ebulus)* wächst vor allem auf Kalkboden, an Wegrändern, Waldsäumen und auf Steinbruchhalden. Seine tiefschwarzen Beeren sind ungenießbar.
Der Trauben- oder Berg-Holunder *(Sambucus racemosa)* wächst in lichten Wäldern und an Wegrändern, vor allem im Bergland. Er wird medizinisch nicht verwendet. Aus seinen roten Beeren kann Holundersaft gekocht werden, ebenso wie aus den Beeren des Schwarzen Holunders.

Inhaltsstoffe, medizinische Wirkung, Verwendung

Holunder enthält den artspezifischen Stoff Sambunigrin, der die Unbekömmlichkeit roher und vor allem unreifer Beeren bewirkt. Auch der Saft aus rohen Beeren erzeugt häufig Übelkeit und Erbrechen.
Der Holunder galt früher als Hausapotheke des deutschen Bauern. Die wichtigsten heilkräftigen Inhaltsstoffe sind ein ätherisches Öl, schweißtreibende Glykoside sowie Rutin mit aktivierender Wirkung auf das Kreislaufsystem, besonders auf die Kapillaren und somit auch auf das feine Adernetz der Nieren. Deshalb macht sich die entwässernde Wirkung eines Holunderblütentees sehr schnell bemerkbar. Bekannt und bewährt ist der Holundertee bei grippalen Infekten. Empfehlenswert ist außerdem vorbeugend eine 4-wöchige Teekur im Herbst oder zur Rekonvaleszenz nach einem Grippewinter sowie bei rheumatischen Beschwerden. Holunderblüten können im Frühling auch frisch für Tee verwendet werden. Man benötigt dann gewichtsmäßig gut fünf Mal so viel wie von der getrockneten Droge.

Wichtige Anmerkung: Nur wenige Pflanzen dürfen frisch als Tee verwendet werden!
Zubereitung von Holunderblüten-Tee:
2 gehäufte Teelöffel getrocknete Holunderblüten mit ¼ Liter kochendem Wasser übergießen, 10 Minuten ziehen lassen. Gegen rheumatische Beschwerden trinkt man kurmäßig 3 Mal täglich 1 Tasse.
Rezept für einen wohlschmeckenden, heilsamen Saft aus Holunderbeeren:
Von den Fruchtständen werden die größeren Stiele mit der Schere abgeschnitten. Die Beeren mit den feinen Stielen werden gründlich gewaschen. Besonders schmackhaft wird der Saft, wenn man zu den Beeren etwa ¼ der Menge an kleingeschnittenen Äpfeln zufügt. Beeren und Äpfel können nun im Dampfentsafter nach Vorschrift entsaftet werden. Gehaltvoller wird der Saft, wenn man in einem großen Topf Äpfel und Beeren mit Wasser bedeckt, gründlich durchkochen lässt und durch ein Sieb gießt. Der Saft wird noch einmal mit ca. 300 Gramm Zucker pro Liter aufgekocht, in Flaschen gefüllt und luftdicht verschlossen. Der Saft wird etwa 1:1 mit Wasser verdünnt und erhitzt. Vor dem Trinken wird Zitronensaft zugegeben.

Johanniskraut

Hypericum perforatum
Hartheugewächs

Vorkommen in der Natur, Anbau im Garten

Wildwachsend kommt diese ausdauernde, gelb blühende Heilpflanze auf Ödlandplätzen mit eher saurem Boden vor. Offensichtlich arrangiert sich das Johanniskraut bestens mit den derzeitigen Umweltbedingungen, z. B. dem sauren Regen, denn es breitet sich immer mehr aus. Wenn Sie Johanniskraut im Garten ansiedeln möchten, sind die idealen Plätze die ungedüngte naturnahe Gartenwiese oder der Steingarten. Graben Sie in der Wiese etwa 1 m² auf, entfernen Sie die Graswurzeln und mischen Sie den Boden mit einigen Schaufeln Sand. Samen gibt es im Fachhandel zu kaufen oder Sie können ihn auf einem Spaziergang in der Natur ernten.

Ernte und Aufbereitung

Die Blüten und die oberen Blätter werden an einem sonnigen Tag um die Mittagszeit geerntet. Für Tee werden sie in der Sonne getrocknet, für das kostbare Rotöl werden sie frisch verwendet.

Inhaltsstoffe, medizinische Wirkung, Verwendung

Hauptwirkstoff ist das Hypericin, ein gelblicher Stoff, der bei Sonneneinstrahlung leuchtend rot wird. Dazu kommen Flavonoide, Gerbstoffe und das kreislaufwirksame Cholin.
Johanniskraut ist eine uralte Heil- und Zauberpflanze. Seit der Antike wurde es gegen „dolle Geister", Hexen, Teufel und Milchdiebe angewendet, kurzum bei Problemen, die einem über den Kopf wachsen. Seine Wirksamkeit bei nervösen Störungen wurde durch moderne Forschungen voll bestätigt. Zubereitungen aus dem Johanniskraut, werden innerlich vor allem bei depressiven Verstimmungen und nervösen Störungen empfohlen. Johanniskraut ist kein Beruhigungsmittel, wie etwa Baldrian, sondern wirkt stimmungsaufhellend. Es schafft die „dollen Geister", die Sie vielleicht plagen, nicht aus der Welt, gibt Ihnen aber wahrscheinlich die Kraft, Ihre Probleme mit Gelassenheit und neuer Energie zu ordnen. Beachten Sie: Es dauert einige Zeit, nämlich 2 bis 3 Wochen, bis das Medikament anspricht. Bei den genannten Erkrankungen und Befindlichkeitsstörungen sollten morgens und abends je 1–2 Tassen Jo-hanniskrauttee getrunken werden: 1–2 Teelöffel der getrockneten Droge auf 1 Tasse Wasser. Allerdings ist die Einnahme von Johanniskrautöl (1 Teelöffel 2 bis 3 Mal täglich) oder von Fertigpräparaten mehr zu empfehlen, denn die Hauptwirkstoffe sind nicht wasserlöslich.
Johanniskrautöl wird hauptsächlich zum Einreiben bei Arthrose, rheumatischen Schmerzen, Hexenschuss, steifem Nacken und Sportverletzungen eingesetzt. Bei chronischen Krankheiten wird tägliche Einreibung vor dem Schlafengehen empfohlen. Wieder entdeckt wurde die innerliche Einnahme von Johanniskrautöl bei funktionellen Reizungen und zur Förderung der Heilung bei Magengeschwüren.
<u>Vorsicht:</u> Bei innerlicher Einnahme von Johanniskraut (als Tee oder Öl) sollten Menschen mit empfindlicher Haut stärkere Sonneneinstrahlung meiden, weil das Johanniskraut photosensibilisierend wirken könnte.
Rezept für Johanniskrautöl:
Zwei Handvoll frische Blüten mit wenig Blättern werden im Mörser leicht zerrieben oder in der Küchenmaschine zerkleinert und mit 1 l kaltgepresstem Olivenöl oder Sonnenblumenöl gemischt. Der Ansatz wird in eine helle, weithalsige Flasche gefüllt und die Öffnung mit einem Stück Pergamentpapier zugebunden. Die Mischung wird ca. 3 Wochen in die Sonne gestellt und alle 3 Tage umgerührt. Wenn sich das Öl purpurrot gefärbt hat, wird es abgesiebt und in eine dunkle Flasche gefüllt. Bei kühler Lagerung hält es sich etwa 1 Jahr.
In der **Tierheilkunde** werden schmerzende Gelenke oder stumpfe Verletzungen mit dem Rotöl eingerieben oder eine in das Öl eingetauchte Kompresse wird auf dem Gelenk festgebunden.

Echte Kamille

Matricaria recutita
Korbblütler

Anbau im Garten, verwandte Arten

Obwohl es sich bei der **Echten Kamille** um eine einheimische, wild wachsende Pflanze handelt, gelingt der Anbau im Garten nicht immer ganz sicher. Sie ist einjährig und braucht einen sonnigen Standort sowie sandig-lehmigen, eher sauren Boden. Die Aussaat erfolgt von April bis Mai in Reihen von etwa 30 cm Abstand. Die Pflänzchen werden auf 20 cm vereinzelt.

Die **Römische Kamille** *(Chamaemelum nobile)* wurde in der Volksmedizin ähnlich eingesetzt wie die Echte Kamille, äußerlich besonders zum Mundspülen und Gurgeln, innerlich gegen Krämpfe. Mit ihrem eleganten, feinzerteilten Laub und den gefüllten Blüten ist sie auch eine attraktive Zierpflanze. Von der Römischen Kamille gibt es auch rasenbildende Sorten als Bodendecker, z. B. im Steingarten.

Mutterkraut *(Tanacetum parthenium)* ist eine alte Bauerngartenpflanze mit kamilleähnlichem Duft, die sich im Garten unverdrossen immer wieder selbst aussät. Bei dieser Pflanze handelt es sich um den früher hochgeschätzten

Mutterkraut, Tanacetum parthenium

„deutschen Bertram", der neben dem echten „römischen Bertram" *(Anacyclus pyrethrum)* nach Hildegard von Bingen gepulvert den Speisen zugesetzt werden sollte.

Ernte und Aufbereitung

Die frisch aufgeblühten Blütenköpfchen der Echten Kamille werden abgezupft, rasch getrocknet und im Schraubglas aufbewahrt.

Inhaltsstoffe, medizinische Wirkung, Verwendung

Hauptbestandteil der Blüten ist das im Reinzustand blau gefärbte Kamillenöl Azulen. Neue phytochemische Untersuchungen machen aber deutlich, dass in der Kamille ein ganzer Wirkstoffkomplex vorliegt, der erst in seiner Gesamtheit den vollen Effekt ergibt.

Die moderne Medizin bestätigt weitgehend die volksmedizinischen Erfahrungen, nämlich die entzündungswidrige, krampfstillende und karminative (blähungsvermindernde) Wirkung. Innerlich wird Kamillentee gegen akute oder chronische Verstimmungen im Magen-Darm-Trakt empfohlen. Besonders in der Kinderheilkunde wird bei starkem Brechreiz der Tee leicht gesüßt teelöffelweise gegeben. Neuere Untersuchungen zeigen, dass die Kamille Bakteriengifte inaktiviert.

Äußerlich wird sie zum Auswaschen entzündeter Wunden und zum Inhalieren oder Gurgeln bei Erkältungen eingesetzt. Entzündete Augen sollte man wegen seiner austrocknenden Wirkung nicht mit Kamillentee auswaschen.

Rezept für das bewährte Kamillendampfbad:
In einem Topf 3 gehäufte Esslöffel Kamillenblüten mit 1 l kochendem Wasser übergießen. Kopf und Gesicht mit einem großen Tuch abdecken und 5–10 Minuten die heißen Kamillendämpfe einatmen. Sehr wichtig: Anschließend ein Tuch um den Kopf binden und 20 Minuten entspannen. Diese Anwendung empfiehlt sich besonders bei akutem, fließendem Schnupfen, weil in diesem Fall die austrocknende Wirkung der Kamille erwünscht ist. Das Kamillen-Dampfbad ist nicht zu empfehlen bei der Neigung zu chronisch trockener Nase.

In der **Tierheilkunde** wird Kamillentee ebenfalls innerlich bei Magen-Darm-Problemen angeboten und äußerlich zum Auswaschen entzündeter Wunden.

Kerbel

Anthriscus cerefolium
Doldenblütler

Anbau im Garten

Kerbel ist ein einjähriges Küchenkraut und wurde von dem Frankfurter Stadtarzt Adam Lonitzer in seinem 1679 erschienenen Kräuterbuch als „Musskraut" bezeichnet, das heißt, dass die Pflanze in keinem Garten fehlen sollte. Kerbel ist nicht kälteempfindlich und kann deshalb schon ab März, wenn der Boden aufgetaut ist, ausgesät werden. Der Reihenabstand beträgt 20 cm. Bis Ende Mai sollte immer wieder nachgesät werden, um ständig frische junge Blätter ernten zu können. Kerbel liebt Sonne, gedeiht aber auch im Halbschatten. Der Boden sollte nahrhaft und eher feucht sein und wird mit Kompost vorbereitet. Im Sommer lohnt sich die Aussaat nicht, denn der Kerbel beginnt gleich nach dem Austreiben zu blühen und wird in trockenen Jahren stark von Blattläusen heimgesucht.
Beachten Sie: Kerbel sät sich gerne selbst aus. So weit, so gut. Aber es besteht Verwechslungsgefahr mit einigen wild wachsenden, eventuell sogar giftigen Doldenblütlern, die ebenfalls im Garten aufgehen können, z. B. mit dem Taumel-Kälberkropf *(Chaerophyllum temulentum)*.

Ernte und Aufbereitung

Die jungen Blätter werden frisch verwendet. Sie eignen sich nicht gut zum Trocknen, weil sie dabei ihr Aroma verlieren.

Inhaltsstoffe, medizinische Wirkung, Verwendung

Die ätherischen Öle Isoanethol und Estragol sind die wichtigsten Inhaltsstoffe. Die frischen Blätter wirken harntreibend und schweißfördernd. Der Presssaft wurde früher zur „blutreinigenden" Frühjahrskur eingesetzt. Genau wie die anderen Küchenkräuter aus der Familie der Doldenblütler ist der Kerbel im Frühling ein guter Vitamin- und Mineralstoffspender und macht Speisen bekömmlicher.

Verwendung in der Küche

Die frischen, kleingeschnittenen Blätter werden für Suppen, Soßen, als Salatgewürz, für Quark, Fisch und Kräuterbutter verwendet. Am besten entwickelt er sein Aroma mit Sahne. Zum Erhalt des Aromas wird er erst nach dem Kochen zugesetzt. In der französischen Küche ist er Bestandteil der „fines herbes", einer Kombination aus Estragon, Schnittlauch und Kerbel. Wer den Geschmack und Duft von Kerbel als angenehm empfindet, kann mit ihm experimentieren. Er passt zusammen mit Schnittlauch zum Würzen von Quark, Kräuterbutter, Rührei und Kochfisch.
Rezept für Kerbelsuppe:
Eine nicht zu große Stange Lauch wird geputzt, in feine Streifen geschnitten und in etwas zerlassener Butter etwa 5 Minuten gedünstet. 1 l Fleisch- oder Gemüsebrühe wird angegossen und mit dem Schneebesen werden 40–60 g frisch gemahlener Weizen eingerührt, 5 Minuten kochen lassen. Zum Schluss etwas Crème fraîche oder süße Sahne unterziehen und eine große Portion geschnittenen Kerbel einrühren. Ein Hauch Curry sorgt für eine feurige Note. Die Suppe wird mit gerösteten Vollkornbrotwürfeln serviert.

In der **Tierheilkunde** wird frischer Kerbel kleingeschnitten den Haustieren ins Futter gemischt. Das sehr bekömmliche, nicht blähende Kraut regt die Nieren an, was für Hunde und Katzen besonders wichtig ist.

Knoblauch

Allium sativum
Lauchgewächs

Bärlauch

Allium ursinum
Lauchgewächs

Anbau im Garten

Knoblauch benötigt ein warmes Beet und tief-gründigen, gelockerten, nährstoffreichen Boden. Zu viel Stickstoff ist nicht gut, aber die Versorgung mit Kalium ist wichtig. Reifer Kompost ist die beste Vorbereitung. Der pH-Wert sollte um 7, also neutral sein. Auf sauren Böden wird Algenkalk oder ein kalkhaltiges Steinmehl gestreut. Eine Knoblauchzwiebel wird in ihre Teile zerlegt und die Zehen werden in etwa 5 cm Tiefe mit der spitzen Seite nach oben eingesetzt. Mischkultur mit Erdbeeren, Petersilie oder Gelben Rüben ist empfehlenswert.

Im Fachhandel gibt es für Sammler und Liebhaber verschiedene Arten und Sorten des Knoblauchs, bei denen Laub und Zwiebeln verwendet werden können: Rocambole oder Italienischer Knoblauch (*Allium sativum* var. *ophioscordum*) hat feine Blätter. Er kann durch Zehen oder Brutzwiebeln vermehrt werden.

Bärlauch ist botanisch und von seinen Inhaltsstoffen her mit dem Knoblauch verwandt. Er ist eine Wildpflanze der Auwälder. Der Boden muss humusreich, kalkhaltig und ziemlich feucht sein. Besonders üppig gedeiht er über einer geologischen Störung, volkstümlich „Wasserader" genannt. Samen gibt es im Fachhandel. Geerntet und roh gegessen werden die frischen Blätter im April und Mai, möglichst vor der Blüte.

Ernte und Aufbereitung

Knoblauch kann ab Hochsommer geerntet werden. Zur Lagerung müssen die Zwiebeln gut getrocknet werden, eventuell aufgehängt und zu Zöpfen geflochten.

Inhaltsstoffe, medizinische Wirkung, Verwendung

In früheren Zeiten galt der Knoblauch nicht nur als Kraftmedizin, z. B. für die römischen Gladiatoren, sondern hatte zeitweise den Rang eines „Theriaks", d. h. eines Allheilmittels. Von den enthaltenen Vitaminen sind vor allem A, B_1, B_3 (Nicotinsäureamid) und C sowie Enzyme zu nennen, durch die im Körpergewebe die Sauerstoffversorgung verbessert wird, außerdem Stoffe, die unseren Geschlechtshormonen ähnlich sind. Alle diese Stoffe wirken im Sinne einer Blutdruckregulierung durch Erweiterung der Blutgefäße. Die Wirkstoffe hemmen kurzfristig die Zusammenballung der Blutplättchen, was als Vorbeuge gegen Thrombose gelten kann. Die Durchblutung besonders der Kapillaren wird verbessert, was sich heilsam auf die Blutversorgung des Innenohrs, der Herzkranzgefäße und des Augenhintergrunds auswirkt. Diese Wirkungen zusammengenommen erzeugen die sprichwörtliche „Verjüngung" durch den Knoblauch.

Verwendung in der Küche

Knoblauch sollte zerquetscht oder gerieben von Anfang an den Gerichten zugesetzt werden, aber scharf braten darf man ihn nicht. Nach dem Zerkleinern darf man ihn nicht stehenlassen. Er passt sehr gut zu sämtlichen Blattgewürzen.

Nur leider, mit Verlaub, stinkt man, wenn man ihn verzehrt. Das fällt jedoch nur dann unangenehm auf, wenn die Kontaktpersonen keine Knoblauchfans sind. Sie möchten wissen, wie Sie den Geruch verhindern können? Geben Sie's auf!

Rezept für pikant eingelegte Knoblauchzehen:
Zutaten: 5 Knoblauchknollen, ½ l Weißwein, 100 ml Essig, 75 g Zucker, 2 Chilischoten, 1 Zweig Rosmarin, 1 Zweig Thymian, 1 Teelöffel weiße Pfefferkörner, 4 Lorbeerblätter, 2 Teelöffel Salz, 4 Esslöffel Öl.
Die Koblauchknollen zerteilen und die Zehen schälen, alle Zutaten außer dem Öl 3 Minuten kochen und über Nacht im geschlossenen Topf stehen lassen. Dann noch einmal 5 Minuten kochen und nach dem Erkalten in ein Glas füllen. Zuletzt das Öl darüber gießen. Dunkel und kühl aufbewahren.

Königskerze

Verbascum sp.
Braunwurzgewächs

Anbau im Garten, medizinisch genutzte Arten

Die Königskerzen sind zweijährige Pflanzen. Einmal im Garten angesiedelt, vermehren sie sich eifrig durch Selbstaussaat. Im ersten Jahr wird eine kräftige Blattrosette gebildet und im zweiten der Blütenschaft. Pflänzchen oder Samen gibt es im Fachhandel zu kaufen, aber Sie können auch von Wildpflanzen einige der runden Samenkapseln ernten und die Samen im Garten ausbringen. Ein sonniger Platz ist wichtig und der Boden darf steinig sein. Für den Steingarten oder zur Gestaltung von Freiflächen ist die ausdrucksvolle Pflanze gut geeignet.

Von den neun einheimischen Königskerzen werden zwei nahe verwandte Arten medizinisch genutzt, nämlich die Windblumen-Königskerze *(Verbascum phlomoides)* und die Großblütige Königskerze *(V. densiflorum).*

Für den Garten gibt es einige sehr ausdrucksvolle Arten und Sorten der Königskerze, die aber nicht medizinisch genutzt werden.

Ernte und Aufbereitung

Das Sammeln, Trocknen und Aufbewahren der Blüten bedarf großer Sorgfalt. Die Blüten samt Stempel, aber ohne Kelch, werden vorsichtig von der Pflanze abgezupft sobald der Morgentau am Vormittag abgetrocknet ist. Königskerzenblüten gehören zu den wenigen Heilpflanzen, die in der Sonne getrocknet werden sollten. Wenn mit künstlicher Wärme getrocknet wird, dann darf die Temperatur 50 °C nicht überschreiten. Die Qualität der getrockneten Droge erkennt man daran, dass die Blüten ihre gelbe Farbe nicht verloren haben. Gleich nach dem Trocknen werden die Blüten in gut verschließbare Gefäße gefüllt, damit sie nicht aus der Luft Feuchtigkeit anziehen.

Inhaltsstoffe, medizinische Wirkung, Verwendung

Die wichtigsten Inhaltsstoffe sind Schleim, ein saures Saponin und Flavonoide. Damit können Königskerzenblüten in Form von Tee, meistens in Mischungen, als schleimlösendes, reizlinderndes Hustenmittel eingesetzt werden. Diese Wirkung und Anwendung ist auch medizinisch anerkannt. Besonders bewährt sich die Königskerze bei chronischer Bronchitis mit Reizhusten. Festsitzender Schleim wird gelöst und kann abgehustet werden. Die Blüten sind Bestandteil der meisten Brusttee-Mischungen. *Rezept für einen Brusttee nach dem Deutschen Apothekerbuch (DAB):*

Eibischwurzel	8 Teile
Süßholzwurzel	3 Teile
Veilchenwurzel	1 Teil
Huflattichblätter	4 Teile
Königskerzenblüten	2 Teile
zerstoßener Anissamen	2 Teile

1 bis 2 Teelöffel dieser Mischung mit ¼ l kochendem Wasser überbrühen, 10 Minuten ziehen lassen, abgießen, langsam schluckweise mit Honig gesüßt trinken. 2 bis 4 Tassen täglich sollten bei Bedarf getrunken werden.

Koriander

Coriandrum sativum
Doldenblütler

Anbau im Garten

Koriander ist eine einjährige Pflanze, die im April an einen sonnigen Platz ausgesät wird. Der Boden sollte locker, kalkhaltig und unkrautfrei sein. Koriander ist ein Dunkelkeimer. Dies bedeutet, dass die Samen mit Erde bedeckt werden müssen. Wie die meisten Doldenblütler lässt er sich viel Zeit mit dem Auflaufen.

Ernte und Aufbereitung

Korianderkörner fallen leicht ab, deshalb werden die Dolden halbreif geerntet, in Sträußen aufgehängt und nachgetrocknet. Die reifen Samen werden jeweils auf ein Blatt Papier abgeschüttelt und gut verschlossen aufbewahrt. Seltener wird bei uns das frische Koriandergrün verwendet, aber wer sich einmal daran gewöhnt hat, möchte es nicht mehr missen.

Inhaltsstoffe, medizinische Wirkung, Verwendung

Die Früchte enthalten ein Gemisch aus ätherischen Ölen, die als Karminativum wirken, ähnlich wie Kümmel, Fenchel und Anis. Korianderfrüchte werden Teemischungen gegen Magen- und Darmstörungen häufig zur Geschmacksverbesserung zugefügt. Auch blähende Speisen sollten viel öfter mit Koriander gewürzt werden als es hierzulande geschieht.

Verwendung in der Küche

Bei uns werden, wenn überhaupt, vor allem die Früchte als Gewürz verzehrt, bevorzugt für Brot und beim Weihnachtsgebäck. Es sei daran erinnert, daß nach biblischer Überlieferung das Manna, das Gott für die Kinder Israels vom Himmel regnen ließ, nach Koriander geschmeckt haben soll. Genausogut wie zu süßem Gebäck passen Korianderfrüchte zu Soßen, Wurst, Fleisch und verschiedenen Gemüsen. Haben Sie schon Blaukraut mit Koriander probiert? Curry-Gewürzmischung enthält stets gemahlenen Koriander.

Das Koriandergrün wurde im antiken Griechenland „Wanzenkraut" genannt und konnte bis heute bei uns nicht Fuß fassen. Für Inder sind die scharfen Curry-Gerichte ohne Korianderlaub undenkbar und auch in Portugal und Russland ist es unter dem Namen „Cilantro" sehr beliebt. Auch für mexikanische Gerichte braucht man unbedingt Korianderlaub.

Rezept für „Indersdorfer Magenbrot":
750 g Mehl und 750 g Farinzucker werden mit 1/4 l Milch und 1/4 l starkem Kaffee verrührt, am besten mit dem Handrührgerät. Dann rührt man 100 g geriebene Blockschokolade, 250 g gehackte Mandeln oder Haselnüsse, Zitronat und Orangeat, 1 schwach gehäuften Teelöffel Anis und 1 schwach gehäuften Teelöffel Koriander ein. Anis und Koriander sollten im Mörser leicht gequetscht werden. Ganz zum Schluss wird 1 Esslöffel aufgelöstes Hirschhornsalz eingerührt, die Masse auf ein mit viereckigen Oblaten ausgelegtes Blech aufgetragen und bei guter Mittelhitze gebacken. Die Tür des Backrohrs sollte während des Backvorganges ab und zu kurz geöffnet werden, damit das beim Erhitzen des Hirschhornsalzes entstehende Ammoniak entweichen kann. Nach dem Backen wird das Indersdorfer Magenbrot in Würfel geschnitten und mit Zitronensaft-Puderzucker-Glasur eingepinselt. Anzumerken wäre, dass dieses köstliche Weihnachtsgebäck kein Cholesterin enthält.

Kresse

Lepidium sativum
Abbildung: Gartenkresse

Eruka, Rukola

Eruca vesicaria

Barbarakraut

Barbarea vulgaris
Kohlgewächse

Anbau im Garten und im Zimmer

Kresse gehört im Garten zu den unproblematischsten Gewächsen überhaupt. Sie ist eine kurzlebige Pflanze und wo nur ein bisschen Platz ist, wird immer wieder eine Reihe oder Gruppe ausgesät. Bald keimt sie und kann kurze Zeit darauf bereits geerntet werden. Im Hochsommer bildet sie nur wenige Blätter aus und kommt gleich zum Blühen. Wenn im Sommer Kresse gewünscht wird, sollte ein schattiger Platz gewählt werden. Auch auf dem Balkon und am Fensterbrett kann Kresse in Schalen oder Kästen ausgesät werden. Empfehlenswerte Sorten sind die altbewährte 'Einfache', die 'Extra Krause', die 'Breitblättrige' und die 'Großblättrige Neuheit'. Auch im Suppenteller auf feuchtem Krepp-Papier oder in der Keimbox kann sie problemlos herangezogen werden. Hierfür eignet sich die 'Einfache' am besten.
Eruka *(Eruca vesicaria)*, auch Italienische Rauke oder Rukola genannt, wird hier mit aufgeführt, weil sie botanisch nahe mit der Kresse verwandt ist, etwa die gleichen Inhaltsstoffe hat und auch die gleichen Anbaubedingungen im Garten. Sie ist ebenfalls für die Keimbox

außerordentlich gut geeignet. Im Garten werden ihre Blätter größer als die der Kresse. Im Mittelmeergebiet und in Indien werden die Samen dieser Pflanze zu einem sehr scharfen Senf verarbeitet.
Das **Barbarakraut** *(Barbarea vulgaris)* hat dunkelgrün glänzende, kresseähnlich scharf schmeckende Blättchen. Es stellt an den Boden keine großen Ansprüche, nur feucht genug muss er sein, denn wild wachsend kommt das Barbarakraut in Bach- und Flussauen vor. Besonders empfehlenswert ist die Aussaat im August nach dem Abernten der Sommergemüse. Dann macht die Pflanze ihrem zweiten Namen „Winterkresse" alle Ehre, denn mindestens bis zum Barbaratag (8. Dezember) können die scharfen Blättchen geerntet werden. Samen ist im Handel nicht leicht zu bekommen. Immer wieder nachfragen!

Inhaltsstoffe, medizinische Wirkung, Verwendung

Alle drei Pflanzen enthalten scharfe Senfölglycoside, die verdauungsfördernd und entzündungshemmend wirken. Dazu kommen Gerb- und Bitterstoffe, ein hoher Gehalt an Vitamin A und C sowie reichlich Kalium, Magnesium und Calcium.

Verwendung in der Küche

Diese drei Kräuter sollten möglichst roh und unzerkleinert zugemischt werden. Das gilt vor allem für gemischte Salate. Bei einigen Rezepten wird Kresse für heiße Gerichte empfohlen. In solchen Fällen erst ganz am Schluss einstreuen.
Rezept für ein Vitaminbrot (A, B_1, Niacin, Folsäure, B_{12}, C und E):
Vollkornbrot wird mit Butter oder Streichrahm („Landrahm") bestrichen, mit Camembert belegt, darüber 2 Scheiben Tomaten, rohen Schinken in Streifchen geschnitten und als Krönung eine Portion Kresse, die mit etwas Zitronensaft beträufelt, mit 1 Teelöffel Jogurt gemischt und mit einer Prise Salz gewürzt wird.
In der **Tierheilkunde** ist die Kresse ernährungsphysiologisch wegen ihres hohen Gehalts an Mineralstoffen für alle Heimtiere sehr wertvoll. Kresseblättchen werden ins Futter gemischt. Aber nicht jedes Tier mag die scharfen Senfölglycoside. Ausprobieren, aber nicht überdosieren.

Kümmel

Carum carvi
Doldenblütler

Vorkommen in der Natur, Anbau im Garten

Wildwachsend kommt Kümmel häufig in Wiesen und an Wegrändern vor. An sich ist er leicht zu erkennen, wenn man einmal den Blick dafür hat: Das unterste Paar der fein zerteilten Fiederblättchen ist kreuzweise gestellt. Weil es aber mehrere ähnlich aussehende hochgiftige Doldenblütler in unserer heimischen Flora gibt, ist es ratsam, den Kümmel im Garten anzubauen. Im April oder Mai wird er auf nahrhaftem, tiefgründigem, kalkhaltigem Boden ausgesät, der gut mit Kompost vorbereitet wurde. Er ist ein Lichtkeimer, das heißt, der Samen wird nicht mit Erde bedeckt. Er eignet sich gut zur Mischkultur mit Salat und anderen Gemüsearten, allerdings nicht mit anderen Doldenblütlern, also Gelben Rüben, Petersilie oder Sellerie. Im ersten Jahr bildet er eine Rosette. Im zweiten Jahr blüht er weiß oder rötlich und bildet die Samen aus.

Ernte und Aufbereitung

Recht sparsam können schon die zarten Kümmelblättchen als Salatwürze verwendet werden, sparsam deshalb, damit die Pflanze nicht zu sehr geschwächt wird. Im Sommer werden jeweils die fast reifen Samendolden geerntet, nachgetrocknet und auf ein weißes Papier abgeschüttelt oder abgerebelt. Kümmelfrüchte werden stets gut verschlossen aufbewahrt.

Inhaltsstoffe, medizinische Wirkung, Verwendung

Hauptwirkstoff ist das ätherische Öl, vor allem Carvon. Hinzu kommen etwas Gerbstoffe und Harz. Er regt die Verdauungsdrüsen an und verbessert somit die Verträglichkeit fetter und vor allem blähender Speisen. Er wirkt krampflösend und dürfte wohl das beste Karminativum sein, das wir kennen. Medizinisch verwendet wird er als Tee in Form von Fertigpräparaten und volksmedizinisch auch als alkoholischer Auszug, also als „Kümmelschnaps".

Rezept für einen von der Volksheilkunde gerne verwendeten Kümmelschnaps:
20 g Kümmelfrüchte werden mit 100 ml 70-prozentigem Weingeist übergossen. 2 Wochen stehen lassen, dann absieben. 20 bis 25 Tropfen werden als Verdauungshilfe nach den Mahlzeiten in etwas lauwarmem Wasser oder auf einem Löffel Zucker eingenommen.

Rezept für Kümmeltee:
1 gehäufter Teelöffel Kümmelfrüchte, die unmittelbar vor der Zubereitung in einem Mörser leicht gequetscht werden sollen, mit ¼ l kochendem Wasser überbrühen, 10 Minuten ziehen lassen, abgießen, nach den Mahlzeiten lauwarm trinken. Dieser Tee ist ein ausgezeichnetes Karminativum, d. h. er vermindert die Darmgase.

In der **Tierheilkunde** können Kümmelfrüchte sparsam Hunden und Katzen ins Futter gemischt werden, besonders wenn sie unter Blähungen leiden. Für kleine Tiere, wie etwa Meerschweinchen und kleine Vögel, sind Kümmelfrüchte giftig. Junge Kümmelblättchen können allen Tieren ins Futter gemischt werden.

Verwendung in der Küche

Allen blähenden Speisen, wie Kohlgerichten, Hülsenfrüchten, aber auch Brot, Kartoffeln und Quark verleiht er Wohlgeschmack und Bekömmlichkeit. Er dürfte wohl das heilkräftigste Gewürz mit der längsten Tradition sein: Schon in steinzeitlichen Häusern und auch in ägyptischen Gräbern wurden Kümmelfrüchte gefunden.

Lavendel

Lavandula angustifolia
Lippenblütler

Anbau im Garten, Arten und Sorten

Feldmäßig wird der Lavendel im Hinterland der französischen Côte d'Azur angebaut, besonders zur Parfümgewinnung. Lavendel ist demnach eine Pflanze der Mittelmeerländer, und das sollten wir bedenken, wenn wir ihn im Garten pflanzen wollen. Er ist eine ausdauernde Pflanze, die einen sonnigen, geschützten Standort braucht. In kalten Lagen ist Winterschutz mit Reisig angezeigt. Der Boden sollte durchlässig und kalkhaltig sein. Bei verfestigten und staunassen Böden ist Drainage mit Kies oder Steinscherben nötig. Lavendel eignet sich als Randbepflanzung am Gemüse-, Stauden- oder Rosenbeet. Besonders gut kommt er im Steingarten zur Geltung. Wenn Sie Lavendel neu pflanzen, sollten Sie ihn nicht gleich im ersten Jahr zum Blühen kommen lassen, sondern ihn noch vor der Blüte zurückschneiden, dann wächst er umso buschiger. Auch bei älteren Lavendelbüschen muss sorgfältig zurückgeschnitten werden: Die abgeblühten Stiele werden abgeschnitten und alte Äste bis zum Boden zurückgeschnitten.
Rosa blüht *Lavandula angustifolia* 'Rosea', weiß blüht 'Alba'. *Lavandula lanata* hat flauschige Blätter. Der wunderschöne Schopflavendel *(Lavandula stoechas)* kommt wild wachsend in den Mittelmeerländern vor und kann auch auf eher sauren Sandböden gepflanzt werden. Die beiden letztgenannten Arten brauchen Winterschutz. Als Provence-Lavendel sind verschiedene wunderbar duftende Kreuzungen im Handel.

Ernte und Aufbereitung

Wenn die Blüten sich gerade entfaltet haben, schneidet man die Blütentriebe ab, trocknet sie schonend und rebelt sie ab. Gut verschlossen aufbewahren.

Inhaltsstoffe, medizinische Wirkung, Verwendung

Tragende Säule für die Wirkungen ist das ätherische Öl. Hildegard von Bingen empfiehlt Lavendel bei mehr als einem halben Dutzend Krankheiten. Nach Matthiolus, einem der Väter der volksmedizinischen Kräuterkunde, wird die Pflanze *„wider alle gebresten des Hirns"*, *„blöden kalten Magen"* und *„anhebende Wasser-seuch"* eingesetzt, wobei diese früher bei älteren Menschen sehr verbreitete „Wassersucht" auf beginnende Herzinsuffizienz zurückzuführen ist. Hildegard von Bingen und Matthiolus liegen damit voll auf der modernen Linie, denn die heutige Medizin empfiehlt ihn besonders als Bad bei Vegetativer Dystonie, worunter man die ganze Palette unterschiedlicher funktionaler Beschwerden versteht.
Die Aromatherapie empfiehlt das Lavendelöl in der Duftlampe bei extremen Gemütszuständen und Stresssymptomen.
Rezept für ein Lavendelbad:
60 g getrocknete oder 200 bis 300 g frische Lavendelblätter und -blüten in 1 l Wasser aufkochen, 10 Minuten zugedeckt ziehen lassen, absieben, einem Vollbad zusetzen, Augen schließen, tief und ruhig atmen und dabei freundliche Gedanken fassen.
In der **Tierheilkunde** wird getrockneter Lavendel ins Schlafkissen von Hund und Katze gefüllt, oder er wird zur Einstreu gemischt, um Ungeziefer zu vertreiben. Die Tiere können auch mit ätherischem Lavendelöl eingerieben werden, vor allem hinter den Ohren und am Bauch. Für Katzen ist das allerdings nicht zu empfehlen, denn sie werden durch fremde Düfte am Körper stark irritiert.

Verwendung in der Küche

Bei uns wird er selten zum Kochen verwendet, aber in Spanien, Frankreich und Italien werden Fisch, Salate, Hammelbraten und Speiseessig häufig mit Lavendel gewürzt. Er ist auch Bestandteil der Würzmischung „Kräuter der Provence".

Liebstöckel

Levisticum officinale
Doldenblütler

Anbau im Garten

Die stattliche ausdauernde Staude braucht im Garten einen sonnigen bis halbschattigen Platz und nahrhaften Boden. Das Pflanzloch wird mit Kompost und einem organischen Vorratsdünger versorgt. Die Pflanze muss stets feucht gehalten werden. Blütentriebe werden herausgeschnitten, damit sich die Blätter stärker entwickeln können. Auf schlechten Böden braucht die Pflanze im Laufe des Sommers einige Male eine Kopfdüngung, z. B. mit einem Flüssigdünger oder mit Brennesseljauche.

Ernte und Aufbereitung

Für die Küche werden die frischen Blätter zum Würzen verwendet. Medizinisch genutzt wird die getrocknete Wurzel. Wenn Sie vorhaben, die Wurzel zu nutzen, sollten Sie jedes Jahr zwei neue Pflanzen setzen, denn die Wurzeln sind im Herbst des zweiten Jahres am zartesten und am ergiebigsten. Ältere Wurzeln kön-

nen zwar ebenfalls verwendet werden, sind aber zäh und holzig. Die Wurzeln werden im Herbst geerntet, gereinigt, rasch getrocknet, dann zerschnitten und in Schraubgläsern aufbewahrt.

Inhaltsstoffe, medizinische Wirkung, Verwendung

Sowohl die Verwendung als Küchengewürz wie auch die medizinische Verwendung erfolgt aufgrund der kräftig nach „Maggi" duftenden ätherischen Öle. Der bekannte Maggi-Würzextrakt mit inzwischen über hundertjähriger Geschichte ist zwar ein rein pflanzliches Produkt, enthält aber kein Liebstöckel. Wenn es um effektives Entwässern geht, wie etwa bei Gicht, Arthrose oder Herzinsuffizienz, ist ein Tee aus der Liebstöckelwurzel allein oder in Teemischungen zu empfehlen. Bei Kreislauferkrankungen vorher den Arzt fragen.
Hartnäckig hält sich in der Volksmedizin die Überzeugung, dass „Liebstöckel" die „Liebe" fördere. Die moderne Medizin schließt sich dieser Tradition nicht an. Mein Rat: Probieren geht über Studieren.

Verwendung in der Küche

Liebstöckel schmeckt besonders gut an deftigen Suppen und Eintöpfen, an Hülsenfrüchten, Kartoffelsuppen, buntem Gemüsetopf, aber auch an Geflügelsuppen, Ragouts oder Schmorbraten. Besonders in Ligurien, dem Kräutergarten Italiens, wird Liebstöckel gerne und häufig eingesetzt.
Rezept für Liebstöckelkartoffeln (4 Personen): 500–750 g gekochte Kartoffeln in Scheiben schneiden, dachziegelartig in eine Auflaufform füllen und leicht salzen, etwa 100 g Gouda und gezupfte Liebstöckelblättchen in einen kleinen Becher Sahne einrühren, gleichmäßig über die Kartoffeln verteilen. Wenn Sie es sich leisten können, verteilen Sie Butterflöckchen darüber. Im Backofen bei 200 °C 25–30 Minuten backen. Dieser Gratin passt zu kurzgebratenem Fleisch und jeder Art von Salat.
Ganz allgemein fürs Würzen mit Liebstöckel: Er ist ein vorlauter Bengel, der zarte Töne neben sich nicht aufkommen lässt, also sparsam verwenden.

Löwenzahn

Taraxacum officinale
Korbblütler

Wachstumsbedingungen, Kultur im Garten

Löwenzahn ist nicht nur Unkraut, sondern auch eine Kulturpflanze, die in einigen Sorten angeboten wird.

Der Samen wird im gut mit Kompost vorbereiteten Gemüsebeet zwischen Mai und Juli im Reihenabstand von 35–40 cm ausgesät. In der Reihe wird auf 20 cm Abstand vereinzelt. Im Herbst werden die Blätter zurückgeschnitten und die Wurzeln ausgegraben, ohne den Vegetationspunkt zu verletzen. Die Wurzeln werden in einen breiten Eimer in trockenes Substrat eingeschlagen und leicht mit Erde bedeckt. Der Eimer wird zugedeckt und, ähnlich wie beim Chicorée, lässt man den Löwenzahn bei ca. 15 °C treiben.

Ernte und Aufbereitung

Volksmedizinisch überliefert ist die Frühjahrskur mit Löwenzahn, wobei die frische Pflanze vor der Blütezeit verwendet wird. Für eine Herbstkur eignet sich der kultivierte, getriebene Löwenzahn. Schulmedizinisch anerkannt ist der Tee aus dem Löwenzahn. Im Frühling vor der Blütezeit, oder noch besser im Herbst, wird die Pfahlwurzel mit dem Blattschopf ausgestochen und gut gewaschen. Man spaltet die Wurzel der Länge nach mit dem Messer, zieht die Pflanzen mit der Nadel auf einen Faden und hängt sie zum Trocknen auf. Wenn sie fast trocken sind, werden sie zerschnitten, nachgetrocknet und im Schraubglas aufbewahrt. Der Tee ist allein oder in Mischungen vielfältig einzusetzen.

Inhaltsstoffe, medizinische Wirkung, Verwendung

Löwenzahn enthält Bitterstoffe und enzymatisch wirkende Substanzen, welche die Tätigkeit der Leber anregen. Besonders augenfällig ist seine Aktivierung der Nierentätigkeit. Letztere Wirkung führte zum Volksnamen „Bettseicher". Die Nierenanregung und die Regeneration unseres großen Entgiftungsorgans, nämlich der Leber, prädestinieren ihn für die „blutreinigende" Frühjahrskur. Auch die Bindegewebssubstanz wird durch seine Wirkstoffe günstig beeinflusst, was ihn zu einem hoch-

wirksamen Medikament bei Arthrose, Gicht und entzündlichem Rheuma macht. Der Gallefluss wird verstärkt, weshalb er seit alters her gegen Galleleiden eingesetzt wird. Neuere Forschungen haben ergeben, dass er die Bildung von Gallensteinen verhindert. Nicht den bereits gebildeten Stein, sondern die Disposition zur Gallensteinbildung beeinflusst der Löwenzahn günstig. Hierfür ist wahrscheinlich die allgemeine Stoffwechselanregung maßgebend. Für eine solche Wirkung ist allerdings eine längere Einnahme nötig.

Rezept für Löwenzahntee:
1–2 Teelöffel der getrockneten Wurzeln und Blätter mit ¼ l kaltem Wasser übergießen, zum Sieden erhitzen und 1 Minute lang kochen. Nach 10 Minuten absieben. 4–6 Wochen lang täglich 3 Tassen trinken. Geschmacksverbesserung durch Pfefferminze wird empfohlen.

Verwendung in der Küche

Junge Löwenzahnblättchen oder die im Herbst getriebenen Sprosse werden klein geschnitten für gemischte Salate verwendet. Im Geschmack erinnern sie an Endiviensalat oder Chicorée.

Rezept für einen Frühlingssalat:
Richten Sie auf einer Platte Rapunzelsalat, geraspelte Gelbe Rüben und Paprikastreifen an. Bereiten Sie eine Salatmarinade aus Öl, Essig, Salz, Pfeffer, geschnittener Zwiebel und, je nach Geschmack, mit einer Prise Zucker und Jogurt zu. Mischen Sie in diese Marinade pro Person 1–3 junge, fein geschnittene Löwenzahnpflänzchen und übergießen Sie damit den angerichteten Salat. 4 Wochen lang täglich ein solcher Rohkostsalat, wobei die Grundsubstanzen variiert werden können, ist eine ideale Frühjahrskur.

Majoran

Origanum majorana
Lippenblütler

Anbau im Garten

Majoran ist bei uns nicht winterhart und wird deshalb einjährig gezogen. Er benötigt einen warmen, sonnigen Standort und leichten, durchlässigen, kalkhaltigen und gut mit Nährstoffen versorgten Boden. Er kann ab Mai direkt ins Freiland ausgesät werden. Früher ernten können Sie ihn, wenn Sie ihn im März im Gewächshaus oder auf der warmen Fensterbank aussäen. Er sollte zweimal pikiert werden. Nach den Eisheiligen wird jeweils ein Büschelchen aus 3–5 Pflanzen im Abstand von 20 cm ins Freiland ausgepflanzt. Auf schlechten Böden ist es empfehlenswert, im Laufe des Sommers mit etwas Stickstoff, z. B. Brennnesseljauche, nachzudüngen.

Ernte und Aufbereitung

Majoran kann frisch oder getrocknet verwendet werden. Wenn Sie zuerst die Spitzen abschneiden, verzweigt sich die Pflanze sehr gut und wird ertragreicher. Rasch und luftig im Schatten trocknen, im Schraubglas aufbewahren.

Inhaltsstoffe, medizinische Wirkung, Verwendung

Wichtigster Inhaltsstoff ist das aromatische Majoranöl. Dazu kommen etwas Bitterstoffe. Schade, dass ich Ihnen nicht alle Geschichten erzählen kann, die es vom Majoran gibt, nur soviel: Er war in Griechenland der Aphrodite,

der Göttin der Liebe, geweiht, weshalb sich müde Männer mit einer Salbe aus ihm eingerieben haben. Außerdem ist er ein leichtes Karminativum, wirkt krampflösend und verdauungsfördernd. Badezusätze und Einreibungen mit Majoran werden gegen Erkältungskrankheiten und rheumatische Beschwerden empfohlen.
Eine selbst bereitete Majoransalbe ist besonders für Säuglinge zu empfehlen. Bei Blähungen wird dem Baby die Nabelgegend mit dieser Salbe leicht kreisend massiert. Auch als Schnupfensalbe für Säuglinge hat sich diese Salbe, mit der man das Näschen innen und außen einreibt, bewährt.
Rezept für die Majoransalbe nach den Empfehlungen der Volksmedizin:
1 Teelöffel getrockneter, pulverisierter Majoran wird mit 1 Esslöffel frischer, ungesalzener Butter 10 Minuten lang im Wasserbad erwärmt, wobei ständig umgerührt wird. Dann wird durch ein Taschentuch abgesiebt. Diese Salbe ist nicht sehr haltbar. Deswegen sollte nicht mehr hergestellt werden als im Rezept angegeben ist.
Mit dieser Salbe wird die entzündete Schnupfennase innen und außen eingecremt oder bei Blähungen das Bäuchlein des Säuglings leicht massiert.

Verwendung in der Küche

Majoran dürfte wohl das wichtigste Gewürz zur Wurstbereitung und für die deftige volkstümliche Küche sein, aber auch in der vegetarischen Küche wird Majoran gerne eingesetzt. Lebergerichte, Bratkartoffeln, Hülsenfrüchte, Eintopfgerichte, fettes Geflügel, Schweinefleisch und auch Schweineschmalz als Brotaufstrich werden schmackhafter und bekömmlicher durch Majoran.
Rezept für eingelegten Camembert:
Nicht zu weicher Camembert wird in Scheiben geschnitten und in einer flachen Schüssel oder einem Teller angerichtet. Aus 2–3 Esslöffeln Essig, 4–5 Eßlöffeln Öl, einer Prise Salz, etwas frisch gemahlenem Pfeffer, klein geschnittenen Schalotten mit Laub und Zwiebelchen sowie einer gehörigen Portion gehacktem Majoran wird eine Marinade bereitet und über die Camembertscheiben verteilt. Nach Geschmack kann die Marinade mit 2–3 Esslöffeln Wein verfeinert werden.

Malven

Stockrose
Eibisch

Gattungen *Malva* und *Althaea*
Malvengewächse

Zuerst sollten wir etwas Ordnung in die Vielfalt der Malvenfamilie bringen. Alle aufgeführten Arten wurden früher medizinisch genutzt, einige davon heute noch.

1. Die **Rosen-Malve** *(Malva alcea)*, auch Sigmarswurz genannt, ist eine ausdauernde Pflanze mit handförmig zerteilten Blättern, die bis 1,2 m hoch wird. Sie liebt kalkhaltigen Boden und kann in die Gartenwiese gepflanzt werden, passt aber auch gut ins naturnahe Staudenbeet.

2. Die **Wilde Malve** *(M. sylvestris)* ist seit der Jüngeren Steinzeit ein Kulturfolger des Menschen und kommt auf nährstoffreichen, warmen, eher trockenen Unkrautfluren wild wachsend vor. Ihre getrockneten Blüten, manchmal auch die Blätter, sind Bestandteil mancher Hustenteemischungen.

3. Die **Blaue**, auch **Dunkelrote** oder **Mauretanische Malve** *(M. sylvestris* var. *mauritanica)* ist eine Unterart der eben genannten Wilden Malve. Sie ist insgesamt stattlicher und lässt sich leicht im Garten kultivieren. Ihre großen, violetten Blüten sind als Schmuckdroge in manchen Teemischungen enthalten.

4. Die **Weg-Malve** *(M. neglecta)* auch Käsepappel genannt ist ein kriechendes Pflänzchen mit unscheinbaren Blütchen, das auf Unkraut-fluren im Siedlungsbereich vorkommt. Das blühende Kraut ist in manchen Teemischungen enthalten.

5. Der **Echte Eibisch** *(Althaea officinalis)* ist schon allein wegen seiner Schönheit für den Garten empfehlenswert. Er braucht einen sonnigen Platz und gedeiht auch auf wechselfeuchtem oder verfestigtem Boden, der allerdings nicht sauer sein darf. Medizinisch verwendet werden die sehr schleimhaltigen Wurzeln. Die Ernte und das Trocknen müssen mit größter Sorgfalt erfolgen, so dass man es am besten Fachleuten überlässt.

Zur Blütezeit der als heilkräftig beschriebenen Malvenarten werden die Blüten mit dem Kelch aber ohne Stiel gepflückt und rasch im Schatten getrocknet. Wenn man das ganze Kraut verwenden will, schneidet man es zur Blütezeit ab, trocknet es im Schatten und zerkleinert es anschließend.

Inhaltsstoffe, medizinische Wirkung, Verwendung

Hauptinhaltsstoff aller Malvenarten ist der Pflanzenschleim. So enthält zum Beispiel die getrocknete Eibischwurzel bis zu 35 % Schleim. Dazu kommen Stärke, Zucker, Pektin und Gerbstoffe.

Der Pflanzenschleim wirkt „einhüllend" und damit lindernd bei Entzündungen. Deshalb wird ein Tee aus getrockneten Malven oder Eibischwurzeln äußerlich als Umschlag bei entzündeten Wunden oder zum Gurgeln eingesetzt. Zu diesem Zweck ist besonders gut die Weg-Malve geeignet, die in der Volksmedizin eine lange Tradition hat. Innerlich wird Tee aus den medizinisch genutzten Malven, besonders in Form von Teemischungen bei Erkältungskrankheiten, vor allem bei Bronchitis empfohlen. Auszüge aus den verschiedenen Malven sind auch in zahlreichen Hustenarzneien enthalten. Ein weiterer Anwendungsbereich sind Darmstörungen, vor allem leichte Durchfälle.

Rezept für Eibisch-Sirup gegen Bronchitis:
Ca. 5 g frische Eibischwurzel zerschneiden, in einen Kaffeefilter geben und mit einer Mischung aus 60 ml Wasser und 1 Teelöffel Weingeist übergießen. Die abgelaufene Flüssigkeit sofort wieder über die Eibischwurzel gießen (am besten mit 2 Gefäßen arbeiten). Das soll 1 Stunde lang weitergeführt werden. Knapp 100 g Zucker einrühren, kurz aufkochen, teelöffelweise einnehmen, recht bald verbrauchen.

Rezept für einen Hustentee:
Eibischblüten und die Blüten der oben beschriebenen Malvenarten, Königskerzenblüten, Thymiankraut mit Blüten, Holunder- oder Lindenblüten, Hagebutten ohne Samen zu etwa gleichen Teilen gemischt. 2 gehäufte Teelöffel dieser Mischung mit 1/4 l Wasser überbrühen, 10 Minuten ziehen lassen, mit Honig oder kandierter Engelwurz süßen.

Meerrettich

Armoracia rusticana
Kohlgewächs

Anbau im Garten

Profis bauen den Meerrettich auf Dämmen an. Der Boden sollte nicht zu sandig, aber auch nicht zu schwer sein. In diese Dämme werden Wurzelableger, so genannte „Fechser" (aus dem Fachhandel), schräg im Abstand von 30 cm gepflanzt.

Die zweite Kulturmöglichkeit ist weniger schwierig, aber Sie können keine langen, starken, geraden Wurzeln erwarten: Am Zaun oder an der Hecke wird der Boden tiefgründig gelockert und gedüngt. Einige Fechser werden eingesetzt, anschließend lässt man die Pflanze „wild" wachsen. Bei Bedarf wird ein Stück Wurzel ausgegraben.

Warnung: Meerrettich eignet sich nicht zur Mischkultur. Geben Sie Acht, dass Sie keine Wurzelteile mit Knospen in Ihre Beete bringen, sonst müssen Sie jahrelang immer wieder Meerrettichpflänzchen jäten.

Ernte und Aufbereitung

Im Herbst werden die Wurzeln geerntet, in Sand eingeschlagen und kühl aufbewahrt.

Inhaltsstoffe, medizinische Wirkung, Verwendung

Meerrettich oder Kren gehört zu jenen Kohlgewächsen, die besonders viel Sinigrin – so heißt ein scharfes Senfölglycosid – in ihrer Wurzel ansammeln. In ihrer Gesamtheit wirken die Inhaltsstoffe antibiotisch gegen ein breites Spektrum von Bakterien. Deshalb wird der geriebene Meerrettich vor allem in seinen Anbaugebieten volksmedizinisch seit langem eingesetzt. Mit Honig gemischt ist er ein bewährtes Hustenmittel. Immer schon wurde er als Auflage bei infizierten Wunden verwendet. Besonders wirksam ist sein Verzehr bei Infektionen der Harnorgane. Vor allem bei chronischen Infektionen ist der Meerrettich zur Langzeittherapie einen Versuch wert. 20 g frische Wurzel täglich ist bei medizinischen Anwendungen die richtige Dosierung.

Die eben beschriebenen Indikationen werden von der modernen Phytotherapie und der Schulmedizin voll bestätigt.

Warnung: Kinder unter 4 Jahren und Patienten mit Magen-Darm-Geschwüren oder Nierenentzündung (das ist etwas anderes als Nieren-beckenentzündung) dürfen Meerrettich nicht essen.

Rezept für eine Meerrettich-Sahne-Creme:
100 ml süße Sahne cremig schlagen, 100 ml Jogurt und etwas Salz oder ½ Teelöffel gekörnte Brühe vorsichtig einrühren. 2 Esslöffel frisch geriebenen Meerrettich mit etwas Zitronensaft beträufeln und in die Creme einrühren. In einem Schüsselchen anrichten, mit Schnittlauch oder geschnittenen Schalottenröhrchen bestreuen und mit gesalzenen Erdnüssen garnieren. Passt zu Fisch, gekochtem Fleisch, Kartoffeln oder Getreidebratlingen.

Botanisch nahe verwandt mit dem Meerrettich ist der Rettich (*Raphanus sativus*). Medizinisch verwendet (z. B. für Rettichsaft) wird vor allem der Schwarze Rettich, weil er am schärfsten ist. Er wirkt galletreibend und hemmt die Stein- und Grießbildung. Statistisch ist erwiesen, dass in Bayern, wo viel Rettich verzehrt wird, weniger Gallenoperationen nötig sind als in Regionen, in denen der Rettich nicht so beliebt ist.

Pfefferminze
und andere Minzen

Mentha sp.
Lippenblütler

die Pflanzen bis auf den Boden zurückgeschnitten. Der Neuaustrieb ist dann zunächst kräftig und gesund. Wenn Sie eine erstklassige Teedroge wollen, zupfen oder streifen Sie die Blätter vor dem Trocknen vorsichtig ab. Man kann sie auch in Sträußen gebündelt aufgehängt trocknen und anschließend zerschneiden. Aber dann sind die Stiele dabei, die wenig ätherische Öle enthalten.

Inhaltsstoffe, medizinische Wirkung, Verwendung

Wichtigster Inhaltsstoff ist das ätherische Öl Menthol. Mit Pfefferminztee werden traditionsgemäß Übelkeit oder Bauchschmerzen behandelt. Der Tee wirkt galletreibend und bei abnormen Gärungserscheinungen im Darm ausgleichend und krampflösend. Bei Gallensteinen empfiehlt es sich, Rücksprache mit dem Arzt zu nehmen. Kleinkinder vertragen keinen Pfefferminztee und dürfen das ätherische Öl Menthol nicht einatmen.
Rezept für einen magenfreundlichen Haustee, der sich auch zum längeren Gebrauch eignet: Getrocknete Pfefferminzblätter, Brombeerblätter, Zitronen-Melisse, Tausendgüldenkraut, Hagebutten ohne Samen zu gleichen Teilen gemischt. 2 Teelöffel der Droge mit ¼ Liter Wasser überbrühen, 10 Min. ziehen lassen, eventuell leicht mit Honig süßen.

Botanische Informationen, Arten und Sorten

Minzen haben eine lange Tradition in der Kräuterkunde. Den „Pfeffer" entwickelten englische Züchter im 18. Jahrhundert durch konsequentes Kreuzen verschiedener Minzen. Diese englische Minze ist eine Kreuzung aus Ähriger Minze *(M. spicata)* und Wasser-Minze *(M. aquatica)*. Die Vermehrung sollte deshalb vegetativ erfolgen oder vorgezogene Pflanzen gekauft werden. Findet man eine besonders gut duftende Sorte, kann man sich einen Wurzelausläufer oder ein Zweiglein abschneiden und im eigenen Garten einpflanzen.
Für den Tee wird gerne die rot überlaufene englische Sorte 'Mitcham' angebaut. Aber auch verschiedene deutsche Landsorten sind sehr zu empfehlen.
Von der Rundblättrigen Minze *(Mentha suaveolens)* gibt es verschiedene Gewürzminzen, zum Beispiel 'Orangen-Minze', 'Apfel-Minze' und 'Ananas-Minze', lauter empfehlenswerte Spezialitäten, die beim derzeitigen Trend, Fleischgerichte und Süßspeisen mit frischen Gewürzminzen anzurichten, schon etwas Besonderes

sind. Die scharfe Tee-Pfefferminze eignet sich dafür nicht so gut.
Ergänzend zu nennen wäre noch die Krause-Minze, eine Unterart der Rundblättrigen Minze mit einer über tausendjährigen Tradition als Teepflanze.

Anbau im Garten

Die Pfefferminze ist eine ausdauernde Pflanze, die zum Wuchern neigt. Dies sollte bei der Platzwahl beachtet werden. Das Beet wird an einem sonnigen oder halbschattigen Platz gut mit Kompost und etwas organischem Dünger vorbereitet. Der Boden muss nahrhaft, tiefgründig und stets feucht sein. Im Frühling werden die Pflanzen oder bewurzelten Stecklinge flach eingesetzt.
Am Gartenteich kann man die Wasser-Minze ansiedeln und ebenfalls für Tee verwenden.

Ernte und Aufbereitung

Geerntet werden die Pflanzen vor Blütebeginn. Bei Befall mit Pfefferminzrost, der sich durch rötliche Flecken auf den Blättern zeigt, werden

Minze in der Küche

In England, Indien, Griechenland, Afghanistan, Iran und in der Türkei könnte man wohl ohne Minzen gar nicht kochen. Sie werden für süße Soßen, Obstsalate, Eis, frische Salate, für Suppen und Gemüse, wie z. B. Erbsen, Tomaten und Auberginen eingesetzt. Auch Ente, Huhn und Lammbraten würzt man mit Minze. Minzen zum Würzen werden stets frisch verwendet.

Petersilie

Petroselinum crispum
Doldenblütler

Anbau im Garten

Petersilie braucht einen sonnigen oder halbschattigen Platz mit nahrhaftem, humusreichem, also gut mit Kompost versorgtem Boden, der am besten schon im Herbst tiefgründig gelockert wurde. Petersilie ist nicht kälteempfindlich, so dass schon ab März ausgesät werden kann. Der Reihenabstand sollte mindestens 10–15 cm betragen. Sie braucht ziemlich lange zum Auflaufen und wünscht gut gejäteten Boden. Wurzelpetersilie wird auf 10 cm Abstand in der Reihe vereinzelt.

Beachten Sie: Petersilie sollte nicht da ausgesät werden, wo im Vorjahr schon Petersilie war, sonst vergilben die Blätter. Auch andere Doldenblütler, wie etwa Sellerie oder Gelbe Rüben, sind als Vorkultur ungünstig, Lauch oder Zwiebeln hingegen günstig.

Wenn Sie Petersilie im Herbst mit einem stärkeren Vlies zudecken, können Sie im Winter an frostfreien Tagen und im Vorfrühling bis zum Auflaufen der neuen Saat sparsam frische Petersilienblättchen ernten.

Ernte und Aufbereitung

Am häufigsten werden die frischen Blätter verwendet, meistens klein gehackt. Petersilie eignet sich nicht zum Trocknen, wohl aber zum Einfrieren. Medizinisch werden die getrockneten Früchte eingesetzt und teilweise auch die getrockneten Wurzeln.

Inhaltsstoffe, medizinische Wirkung, Verwendung

Hauptwirkstoffe sind ätherische Öle, vor allem Apiol und Myristicin. Apiol ist in höherer Dosie-rung giftig. Es liegt in den Früchten in so hoher Dosierung vor (2–7 %), dass man Petersiliensamen nur recht vorsichtig anwenden sollte. Petersiliensamen wird vor allem bei Harnverhaltung eingesetzt. Die moderne Medizin übernimmt diese Heilanzeige, warnt jedoch vor schädlichen Nebenwirkungen durch Überdosierung.

Die Blätter enthalten außer dem würzigen ätherischen Öl reichlich Vitamin C und Vitamin A sowie Mineralstoffe, besonders Eisen, Kalium und Magnesium.

Rezept für Tee aus Petersilienfrüchten zum intensiven Entwässern:
1 gehäufter Teelöffel getrocknete Petersilienfrüchte mit 3 Tassen Wasser überbrühen (nicht kochen!), kurz ziehen lassen, abgießen, in kleinen Portionen über den Tag verteilt trinken. Beachten Sie die vorhin erwähnten Warnungen! Kein längerer Gebrauch.

Rezept für Petersilien-Honigwein nach Hildegard von Bingen:
7–10 Petersilienstängel mit Blättern in einem Gemisch aus 1 l Weißwein und 1–2 Eßlöffel Weinessig 5 Minuten lang kochen. Etwa 100 g Honig zufügen und noch einmal 5 Minuten lang unter Umrühren bei kleiner Hitze leicht kochen, durch ein Tuch absieben und heiß in sterilisierte, luftdicht verschließbare Flaschen abfüllen. Von diesem Herzwein werden 2–3 mal täglich 1–2 Likörgläser getrunken.

Verwendung in der Küche

Petersilie ist wohl im Laufe der Geschichte seit Karl dem Großen das „beständigste" Küchenkraut und ist selbst in schlechtesten Zeiten, wie etwa nach dem 1. Weltkrieg, nicht aus dem Garten und aus der Küche verschwunden. Petersilie wird kleingehackt den Speisen zugefügt, bei heißen Gerichten wird sie nicht mitgekocht. Wenn eine Speise einen besonders intensiven „Petersiliengeschmack" bekommen soll, kocht man Petersilienstängel mit. Petersilienwurzeln können roh geraspelt in Salatmischungen verwendet werden oder gedämpft als Gemüse. Eintopfgerichte erhalten durch Petersilienwurzel eine „kräftige" Note.

Portulak

Sommer-Portulak

Portulaca oleracea ssp. *sativa*

Winter-Portulak (Abb.)

Montia perfoliata syn. *Claytonia perfoliata*
Portulakgewächs

Botanische Informationen, Anbau im Garten

Die Familie der Portulakgewächse ist mit über 100 Arten in den Subtropen und Tropen verbreitet. Bei uns werden die beiden Arten sehr selten angebaut und das ist schade, denn sie sind ideale Lückenfüller, weil sie nicht viel Platz brauchen.

Sommer-Portulak ist eine einjährige Pflanze und benötigt einen geschützten Platz. Der Boden muss warm, durchlässig und möglichst sandig sein. Eine leichte Düngung mit Kompost ist empfehlenswert. Die Aussaat erfolgt ab der zweiten Maihälfte, am besten in kurzen Reihen. Der Samen wird nicht mit Erde bedeckt.

Winter-Portulak, auch Postelein genannt, ist ebenfalls eine einjährige Pflanze. Der Boden sollte humusreich und nicht zu trocken sein. Winter-Portulak ist gut geeignet als zweite Tracht. Schlechter Boden wird mit reifem Kompost verbessert. Die Aussaat erfolgt ab Ende Juli bis Ende August. Auch die Frühjahrsaussaat ab März ist einen Versuch wert. Diese frühe Aussaat wird mit Folie geschützt, ebenso die Herbstaussaat ab Anfang Oktober.

Ernte und Aufbereitung

Die Triebspitzen beider Arten werden zuerst geschnitten, dann verzweigt sich die Pflanze und es kann neu geerntet werden.

Inhaltsstoffe, medizinische Wirkung, Verwendung

Zu Beginn der Neuzeit war Portulak ein wichtiges Heilmittel. Tabernaemontanus (1520–1590) schreibt vom Portulak, er mache *„wackelhaftige Zähne wieder fest".* Er wurde demnach gegen Skorbut eingesetzt, was für seinen hohen Vitamin-C-Gehalt spricht. Zu betonen wäre auch der hohe Mineralstoffgehalt, was schon am salzig-säuerlichen Geschmack zu erkennen ist. Außerdem enthält er viel Vitamin A.

Verwendung in der Küche

Portulakblättchen werden unzerschnitten frisch für gemischte Salate verwendet, wobei sie zu Tomaten besonders gut passen. Auch manche traditionellen volkstümlichen Gerichte werden mit Portulak gewürzt, so zum Beispiel die Hamburger Aalsuppe.

Portulakknospen können ebenso wie die Blütenknospen der Kapuzinerkresse in eine Salz-Essig-Mischung eingelegt werden. Das ergibt „falsche Kapern". Echte Kapern werden aus den Blütenknospen des sehr dornigen Kapernstrauches *(Capparis spinosa)* gewonnen, der im Mittelmeergebiet auf steinigen Böden wild wachsend vorkommt, aber in dornenloser Variante auch angebaut wird.

Ringelblume

Calendula officinalis
Korbblütler

Sorten, Anbau im Garten

Die einjährige Pflanze ist absolut anspruchslos und kann ausgesät werden, wo immer man einen gelben oder orangen Effekt erzeugen möchte. Durch fleißige Selbstaussaat hält sie dem Garten auch weiterhin die Treue. Sie verliert jedoch im Laufe der Jahre an Blütengröße, Farbe und Fülle. Deshalb sollte immer einmal wieder neu ausgesät werden. Ringelblumen haben im Garten einen hohen ökologischen Wert. Sie sind die Lieblingsblumen der Schwebfliegen, die gelbgestreift als Bienen oder Wespen maskiert auftreten, aber nicht stechen. Die Larven einiger Schwebfliegenarten verzehren Blattläuse, helfen uns also im giftfreien Garten bei der Schädlingsbekämpfung. Deshalb eignen sich Ringelblumen gut auf Baumscheiben oder für die Randbepflanzung bei Rosen und Bohnen.
Im Laufe des Sommers wird die Ringelblume bisweilen von verschiedenen Pilzen befallen, was man an der Fleckigkeit der Blätter erkennt. Befallene Pflanzen werden möglichst umgehend handhoch abgeschnitten. Für die medizinischen Zubereitungen werden nur gesunde Pflanzen verwendet.

Ernte und Aufbereitung

Die Blumenköpfe werden an einem sonnigen Tag geerntet, wenn sie gut abgetrocknet sind. Nach der Ernte werden die Ringelblumen bereits im Garten auf einem großlöcherigen Salatsieb kräftig geschüttelt, damit die eventuell vorhandenen schwarzen Käferchen, die gerne in den Blütenköpfen sitzen, herausfallen. Für die Ringelblumensalbe wird die ganze Blume mit dem Hüllkelch verwendet, zum Trocknen ebenfalls die ganze Blume oder nur die abgezupften Zungenblüten.

Inhaltsstoffe, medizinische Wirkung, Verwendung

Ihre wichtigsten Wirkstoffe sind Carotinoide, Flavonoide, Saponine und etwas ätherisches Öl. Carotinoide sind Vorstufen von Vitamin A. Sie besitzen bei der Behandlung schlecht heilender Wunden eine große und wissenschaftlich neu bestätigte Bedeutung. Die eben genannten „Saponine" besitzen eine „seifenähnliche" Wirkung, und darauf ist die lange bekannte „erweichende und zerteilende" Wirkung von Ringelblumentee und -salbe zurückzuführen. Hautreizungen, wie etwa Sonnenbrand, „Schnupfennase" oder wundgelaufene Füße sowie Verletzungen aller Art werden mit Ringelblumensalbe behandelt.
Ringelblumen haben eine ziemlich hohe allergene Potenz. Es können auch Kreuzallergien mit anderen Korbblütlern auftreten. Menschen mit Allergien sollten die Salbe nicht selbst herstellen. Vorsichtshalber sollten bei der Zubereitung der Salbe nur die Zungenblüten verwendet werden.
Rezept für Ringelblumensalbe mit Schweinefett, die eine lange Tradition hat und etwas modernisiert wurde: 2 Handvoll frische Ringelblumenblüten werden in ½ kg zerlassenes, etwa 60 °C heißes Schweineschmalz eingerührt. Diese Temperatur (keinesfalls heißer) sollte 2 bis 3 Stunden lang gehalten werden. Alle 10 Minuten umrühren. Soll die Salbe für Unterschenkelgeschwüre (hauchdünn!) verwendet werden, lässt man 3 Esslöffel Eichenrinde (aus der Apotheke) mit ausziehen. Am Schluss absieben, in kleine Gläser füllen, den Vorrat im Tiefkühlschrank aufbewahren. Um der Salbe einen angenehmen Duft zu verleihen, können Sie je ein Zweiglein Lavendel und Rosmarin dazu geben.
Falls Sie dem Schweinefett als Salbengrundlage nichts abgewinnen können, verwenden Sie am besten Lanolin oder Eucerin aus der Apotheke. Diese Fette können Sie aber nicht unmittelbar im Topf erhitzen, sondern nur ganz vorsichtig im Wasserbad.
In der **Tierheilkunde** werden, genau wie in der Humanmedizin, schlecht heilende Wunden mit dem Tee ausgewaschen oder mit einem Umschlag aus dem Tee versehen. Frische Wunden können mit Ringelblumenspiritus desinfiziert werden.

Rosmarin

Rosmarinus officinalis
Lippenblütler

Anbau im Garten oder Blumentopf

Wildwachsend kommt der ausdauernde, immergrüne Strauch in der Macchia vor, einer Lebensgemeinschaft dorniger Sträucher und duftender Kräuter im Mittelmeergebiet. Er ist nicht frosthart. In warmen Lagen kann er im Freien an der Hauswand oder im Steingarten gepflanzt werden, braucht aber guten Winterschutz. Sicherer ist die Kultur im nicht zu kleinen Blumentopf. Im Freien und im Topf muss die Erde gut durchlässig sein. Sie darf keinen Torf enthalten und sollte mit Sand gemischt werden. Besonders dann, wenn man Rosmarin, der im Topf gezogen wird, oft schneidet, braucht er etwa alle 2 bis 3 Wochen etwas Flüssigdünger. Rosmarin muss hell und kühl überwintert werden. Die Wurzeln dürfen nie austrocknen.

Ernte und Aufbereitung

Zum Würzen wird Rosmarin nach Möglichkeit frisch verwendet. Für den Tee und eventuell auch zum Würzen werden die Zweiglein im ganzen rasch getrocknet und die Blätter möglichst erst vor der Verwendung abgestreift.

Inhaltsstoffe, medizinische Wirkung, Verwendung

Hauptwirkstoff ist ein ätherisches Öl, der so genannte Rosmarinkampfer. Dazu kommen Gerbstoffe, Bitterstoffe und Harze. Rosmarin hat seit dem Altertum eine besondere Bedeutung im Brauchtum sowie als Zaubermittel für die Liebe, für Schönheit und Lebenskraft. Medizinisch betrachtet ist er ein so genanntes Tonikum, also ein Stärkungsmittel. Rosmarintee, Rosmarinwein für sich und in Mischungen oder auch das Rosmarinbad sind sehr zu empfehlen bei chronischen Schwächezuständen des Kreislaufs, besonders bei niedrigem Blutdruck. Auch Schwächezustände nach Krankheiten sprechen auf Rosmarintee sehr gut an. Rosmarinbäder sollten nicht abends genommen werden, weil sie munter machen. Als Tee nach dem Essen getrunken, wirkt Rosmarin verdauungsfördernd und als Karminativum. Mit verdünntem Rosmarinspiritus können Verspannungen, rheumatische Beschwerden oder Sportverletzungen eingerieben werden.
Rezept für Rosmarinwein, der eine lange Tradition als Herztonikum hat:
150 g frische Rosmarinblätter 10 Tage lang in 1 l starken, trockenen Rotwein einlegen, dann absieben. 2–3 kleine Gläser am Tag sind die empfohlene Dosierung. An dieser Stelle sei eine dringende Warnung ausgesprochen: Alkoholgefährdete Patienten dürfen Alkohol nicht einmal in geringster Menge zu sich nehmen, auch nicht in Form einer ansonsten empfehlenswerten Arznei.

Verwendung in der Küche

Oft müssen wir Mitteleuropäer uns an seinen intensiven Geschmack erst gewöhnen. Besonders gut harmoniert er mit Knoblauch. In südlichen Ländern würzt man Fisch, Fleisch und Zucchini mit ihm. Er kann mitgekocht werden.
Rezept für Rosmarinkartoffeln:
Kleine Kartoffeln schälen, in der Pfanne in Olivenöl anbraten, salzen, pfeffern, mit grobgehacktem Knoblauch und Rosmarinblättchen überstreuen, etwas trockenen Weißwein oder Traubensaft und Brühe angießen, die Pfanne zudecken und fertig dünsten. Nach Wunsch mit halbierten Oliven oder Pinienkernen überstreuen.

Salbei

Salvia officinalis
Lippenblütler

Arten und Sorten, Anbau im Garten

Die fünf wild wachsenden Salbeiarten unserer einheimischen Flora sind zum Würzen und als Heilmittel nicht geeignet. Gartensalbei ist ein Halbstrauch, der aus dem Mittelmeerraum stammt. Er ist bei uns im Allgemeinen winterhart, sollte aber einen sonnigen, geschützten Standort erhalten und in kälteren Lagen Winterschutz bekommen. Der Steingarten mit seinem mineralreichen, möglichst etwas kalkhaltigen, durchlässigen Boden ist ein idealer Platz. Schwere Böden werden mit grobem Sand gemischt und etwas aufgekalkt.
Salbei kann im Frühling leicht durch Stecklinge oder Absenker vermehrt werden. Eine wichtige Pflegemaßnahme ist das Zurückschneiden von verwelkten Blütenständen und von Trieben mit vergilbtem Laub. Damit wird der Neuaustrieb gefördert.
Zahlreiche Salbeiarten und -sorten finden sich als Zierpflanzen im Garten. Die vom Gartensalbei abstammende grün-weiß-rotlaubige Sorte 'Variegata' wächst zierlicher und ist etwas empfindlicher als die Stammform. Eine mehr als tausendjährige Tradition hat der Muskatellersalbei *(Salvia sclarea)*, der im Mittelalter zum Würzen fad schmeckenden Weines verwendet wurde. Großen Zierwert fürs Blumenbeet haben *Salvia x superba, Salvia viridis* (früher *S. horminum*) sowie der signalrot blühende Prachtsalbei *(Salvia splendens)*.

Ernte und Aufbereitung

Am aromatischsten sind die Blätter im Frühling vor und ab Spätsommer nach der Blütezeit. Für Heilzwecke werden sie getrocknet. Als Küchengewürz verwendet man sie nach Möglichkeit frisch.

Inhaltsstoffe, medizinische Wirkung, Verwendung

Gerbstoffe, ein ätherisches Öl und wenig Bitterstoffe prägen den Geschmack und Duft der Blätter. Dazu kommen Saponin, ein Glykosid und ein bakterientötender Stoff, also ein pflanzliches Antibiotikum. Durch das Zusammenwirken dieser Stoffe ist Salbei ein hochwirksames Mittel zum Gurgeln bei Halsentzündungen, zum Spülen bei Mundschleimhaut- und Zahnfleischentzündung und auch für Umschläge oder Bäder bei infizierten, schlecht heilenden Wunden. Auch die Inhalation mit Salbeitee bei Schnupfen ist sehr zu empfehlen. Diese bewährten Indikationen werden auch durch neue medizinische Forschungen bestätigt. Die innerliche Anwendung sollte nur sehr überlegt erfolgen, denn bei Überdosierung oder im Dauergebrauch sowie vor allem während der Schwangerschaft wirkt Salbei giftig.
In der **Tierheilkunde** können schlecht heilende, infizierte Wunden mit Salbeitee ausgewaschen werden.

Verwendung in der Küche

In den Ländern ums Mittelmeer ist Salbei ein typisches Fleischgewürz. Er entfaltet sein Aroma am besten im heißen Fett. Besonders beliebt sind in der Gegend um Rom und auch in Griechenland Grillspieße, bei denen zwischen den Fleischstückchen jeweils ein Salbeiblatt steckt. Kräftig mit Paprika würzen! Auch fette Fische, wie etwa Aal, werden schmackhafter und bekömmlicher durch Salbei.
Griechisches Rezept für Salbeikartoffeln:
Frische, junge Salbeiblätter in Butter oder Olivenöl knusprig braten, dann kleine gekochte Kartoffeln zufügen, vermischen und unter Umrühren noch eine Weile weiter braten lassen. Kräftig pfeffern und salzen.

Sauerampfer

Rumex acetosa
Knöterichgewächs

tienten mit erhöhtem Harnsäurespiegel sollten ihn ganz meiden.

Im Mittelalter verabreichte man junge Sauerampferblätter bei schweren Krankheiten mit hohem Fieber, um die Kranken zu erfrischen. Eine lange Tradition haben seine frischen Blätter zur Appetitanregung, bei Harnverhaltung und zur „blutreinigenden" Frühjahrskur. Sebastian Kneipp empfahl ihn „in Wein gesotten" gegen Unterleibsschmerzen. Der Tee wird volksmedizinisch vor allem bei Hautkrankheiten eingesetzt, wobei täglich 2 Tassen getrunken und die erkrankten Hautstellen mit dem Tee gewaschen werden.

Vorkommen, Anbau im Garten

Wild wachsend kommt Sauerampfer in ganz Eurasien und Nordamerika als Wiesenpflanze vor. Häufig stellt er sich spontan im naturnahen Gartenrasen ein. Der Garten-Sauerampfer hat größere, zartere Blätter und kann im Frühling ausgesät werden, aber es gibt in manchen Gärtnereien auch vorgezogene Pflanzen. Eine oder einige wenige Pflanzen sind für den Hausgebrauch ausreichend. Nicht überall ist der Anbau von Sauerampfer im Garten üblich, aber zum Beispiel in der Rhön und ihrem Umland wird man kaum einen Garten ohne Sauerampfer finden.

Garten-Sauerampfer braucht im Beet einen sonnigen oder halbschattigen Platz. Der Boden muss humusreich und tiefgründig sein, denn die Pflanze hat eine lange, kräftige Pfahlwurzel. Ein- oder zweimal im Jahr wird mit Kompost gedüngt. Ganz wichtig ist, dass der Boden immer feucht gehalten wird, sonst wird der Ampfer stark von Erdflöhen befallen, was an den durchlöcherten Blättern zu erkennen ist. Blütenstängel müssen immer rechtzeitig ausgebrochen werden. Eine Neuzüchtung aus Kanada ist die Sorte 'Profusion', die nicht zum Blühen kommt und den ganzen Sommer verwendet werden kann.

Ernte und Aufbereitung

Vom Austrieb an werden im Frühling die jungen Blätter geerntet und frisch in der Küche verwendet. In manchen Gegenden wird Sauerampfer auch getrocknet und als Tee eingesetzt. Kurz vor oder zu Beginn der Blütezeit wird das Kraut kurz über dem Boden abgeschnitten, gebündelt, an einem luftigen Ort aufgehängt und rasch getrocknet.

Inhaltsstoffe, medizinische Wirkung, Verwendung

Die Schulmedizin verwendet den Sauerampfer nicht, volksmedizinisch hat er hingegen einen sehr guten Ruf. Von seinen Inhaltsstoffen sind besonders die Vitamine A und C hervorzuheben. Problematisch ist sein hoher Gehalt an giftiger Oxalsäure. Er sollte deshalb roh nur sehr sparsam verzehrt werden. Personen mit der Neigung zu Oxalatnierensteinen oder Pa-

Verwendung in der Küche

Rohe Sauerampferblätter schmecken kleingeschnitten gut im Salat. Wegen der in ihm enthaltenen Oxalsäure ist es allerdings günstiger, ihn zu kochen. Bei der Zubereitung von Sauerampfer empfiehlt es sich, stets Milch zu verwenden, durch deren Calciumgehalt die Oxalsäure in eine unlösliche Form umgewandelt wird.

Rezept für eine Hühnersuppe mit Sauerampfer: Pro Person eine halbe Hühnerbrust in Würfel schneiden und in wenig Butter mit einer klein gehackten Zwiebel leicht anbraten. Einige klein geschnittene Champignons und 1 Eßlöffel feine Erbsen zufügen und mitdünsten. Im geschlossenen Topf 10 Minuten leicht weiterschmoren lassen. Die Fleischwürfel und Gemüse werden auf einem Teller zur Seite gestellt. Den Bratensatz mit pro Person $1/8$ l sehr kräftiger Hühnerbrühe (Würfel) und $1/8$ l Vollmilch aufkochen. In diese kochende Suppe wird 1 gehäufter Teelöffel frisch gemahlener Weizen mit dem Schneebesen eingerührt. Zum Schluss fügt man das gedünstete Fleisch, Gemüse und feingeschnittenen Sauerampfer hinzu und lässt 1 Minute kochen.

Schafgarbe

Achillea millefolium
Korbblütler

Wachstumsbedingungen, Kultur

Die Schafgarbe ist eine Kulturfolgerin des Menschen und besiedelt vor allem Wiesen. Im Laufe der Zeit haben sich verschiedene Unterarten entwickelt, die sich an fette oder magere, sandige oder kalkhaltige, steinige oder lehmige Standorte angepasst haben. Sie meidet eigentlich nur extrem staunasse Böden. Wenn Sie in Ihrem Rasen auf Herbizide verzichten, siedelt sich die Schafgarbe gewiss auch bei Ihnen an. Notfalls können Sie auch nachhelfen und einige Wildpflänzchen im Frühling einsetzen, nachdem Sie ein Stückchen Rasen entfernt und die Erde gelockert haben.

Ernte und Aufbereitung

Ab dem zeitigen Frühjahr können frisch austreibende Blättchen geerntet werden. Für den Tee als Heilmittel werden die Blütenstände abgeschnitten und getrocknet.

Inhaltsstoffe, medizinische Wirkung, Verwendung

Schafgarbe enthält Bitterstoffe, Gerbstoffe, Flavonoide und ein dem Kamillen-Blauöl (Chamazulen) ähnliches ätherisches Öl, also eine großartige Kombination an hochwirksamen Inhaltsstoffen. Problematisch ist nur, dass bei den verschiedenen Unterarten von unterschiedlichen Standorten die Zusammensetzung der Inhaltsstoffe jeweils etwas anders sein kann.

Schafgarbenblättchen können frisch zur Frühjahrskur verwendet werden. Wegen ihres hohen Magnesiumgehaltes wirken sie gut gegen Wadenkrämpfe und auch vorbeugend gegen den Herzinfarkt. Schafgarbentee aus den Blüten wird volksmedizinisch bei Infektionskrankheiten im Magen-Darm-Trakt eingesetzt, wofür der Bitterstoffgehalt sowie die antibakterielle und entzündungswidrige Wirkung spricht. Besonders bei länger anhaltenden Beschwerden mit Krämpfen sind kurmäßig 4 bis 6 Wochen lang 3 Tassen des Tees täglich zu empfehlen. Der wichtigste Einsatzbereich sind Frauenleiden, besonders Krämpfe in den Unterleibsorganen. Frauen, die regelmäßig schmerzhafte Krämpfe bei der Menstruation haben, sollten schon einige Tage vorher mit der Trinkkur (je 2 Tassen morgens und abends) beginnen.
Rezept für eine Teemischung, die in der Volksmedizin einen guten Ruf bei funktionalen Menstruationsbeschwerden hat:
Schafgarbe, Frauenmantel, Gänsefingerkraut und Kammillenblüten zu gleichen Teilen gemischt. 2 gehäufte Teelöffel der getrockneten Kräuter mit 1/4 l kochendem Wasser überbrühen, 10 Minuten ziehen lassen, bei Bedarf 2 bis 3 Tassen täglich trinken.

In der **Tierheilkunde** gehört Schafgarbentee zu den besonders wirksamen Mitteln für Waschungen, Spülungen oder Umschläge bei Wunden. Vor allem bei frischen Verletzungen entfaltet die Schafgarbe eine deutlich Blut stillende Wirkung. Junge Blättchen können als gesundes, mineralstoffreiches Futter für alle Heimtiere, also Kleinsäuger, Hund und Katze, Vögel und Schildkröten eingesetzt werden. Vorsicht: Schafgarbe darf nicht an trächtige Tiere verfüttert werden.

Verwendung in der Küche

Junge Schafgarbenblättchen sind in verschiedenen altergebrachten, volkstümlichen Spezialitäten im Frühling gebräuchlich, zum Beispiel in der österreichischen „Neun-Kräuter-Suppe", einem Gegenstück zur hessischen „Sieben-Kräuter-Soße". Diese „neun Kräuter" bestehen meistens neben Schafgarbe aus Gundermann, Löwenzahn, Spitzwegerich, Sauerampfer, Veilchenblättern, Huflattichknospen und Gänseblümchenblättern.

Schnittlauch, Schnittknoblauch

Allium sp.
Lauchgewächs

Anbau im Garten, Arten und Sorten

Seit der Landgüterverordnung „Capitulare de Villis" Karls des Großen dürfte wohl der **Schnittlauch** *(Allium schoenoprasum)* das gebräuchlichste aller Würzkräuter sein und in keinem Nutzgarten fehlen. Er stellt keine großen Ansprüche an den Boden, aber der Wurzelbereich sollte stets feucht genug sein. In trockenen Lagen ist ein halbschattiger Standort empfehlenswert, in feuchten Lagen ein sonniger Platz. Der Boden sollte locker und humusreich sein, wird also mit reifem Kompost vorbereitet. Bei schlechten Böden ist ein Vorratsdünger (z. B. Hornspäne) im Pflanzloch angebracht. Im Frühling wird mit Kompost gedüngt, der auf sauren Böden mit einem kalkhaltigen Steinmehl gemischt wird. Wenn der Schnittlauch sehr oft geschnitten wird, sollte er im Laufe des Sommers ab und zu eine Kopfdüngung mit einem Flüssigdünger oder mit Brennnesseljauche erhalten. Im Winter kann Schnittlauch gut auf der Fensterbank im Topf gehalten werden. Sehr ertragreich sind einige neue Sorten mit stärkeren Röhren, die sozusagen zwischen herkömmlichen Schnittlauchsorten und Schalotten stehen.

Vom **Schnittknoblauch**, auch „Knolau" genannt, gibt es mehrere Arten und Sorten. Er hat schmale, flache Blätter mit feinem Knoblaucharoma. Es gibt ihn mit weißen oder rosa Blütchen, die zum Beispiel in China auch mitgedünstet und gegessen werden. Er ist nicht so wüchsig wie der normale Schnittlauch.

Ernte und Aufbereitung

Schnittlauch und dessen Arten und Sorten werden stets frisch verwendet, meistens klein geschnitten. Sie eignen sich nicht zum Konservieren, weder zum Trocknen noch zum Einfrieren. Bei jeder Art der Konservierung verliert oder verändert der Schnittlauch sein Aroma.

Inhaltsstoffe, medizinische Wirkung, Verwendung

Streng genommen ist Schnittlauch keine Arzneipflanze, sondern gehört zur Gruppe der Küchenkräuter. Aber Schnittlauch und die mit ihm verwandten Arten enthalten die für die meisten Mitglieder der hochlöblichen Gattung *Allium* typischen schwefelhaltigen, stark duftenden Inhaltsstoffe. Dazu kommt ein hoher Gehalt an den Vitaminen A und C sowie verschiedene Mineralstoffe.

Im Mittelalter galt Schnittlauch als Medizin für Jugend und Schönheit, was gar nicht so falsch sein mag, weil seine Inhaltsstoffe eine durchblutungsfördernde Wirkung ausüben, wodurch eine allgemeine „Verjüngung" des Organismus hervorgerufen wird. Wenn man immer wieder liest, Schnittlauch senke den Blutdruck und den Cholesterinspiegel, dann mag das ein wenig hoch gegriffen sein. Vielleicht reguliert sich Ihr Blutdruck und Cholesterinspiegel, wenn Sie Salz und Fett einschränken, Ihr Gewicht mit Vollwertkost kontrollieren, sich möglichst wenig Stress aufhalsen und regelmäßig etwas Sport treiben. Dieses eben aufgeführte „Gesundheitsmenü" sollten Sie dann reichlich mit Schnittlauch würzen.

Verwendung in der Küche

Der Volksmund sagt: „Schnittlauch passt zu allem, außer zum Grießbrei." Er passt übrigens auch zu allen anderen Gewürzen und Küchenkräutern, besonders gut zur Petersilie. Ob schlichte oder raffinierte Gerichte: Zum Schluss Schnittlauch darüber streuen ist fast nie falsch. Besonders bekannt sind Schnittlauch-Kartoffeln, Rührei mit Schnittlauch, „Grüne Soße", Schnittlauchquark oder einfach ein Butterbrot mit Schnittlauch bestreut.

Sellerie

Apium graveolens
Doldenblütler

Anbau im Garten

Alle Selleriesorten sind Starkzehrer. Sie benötigen außer Kompost einen Vorrats-Volldünger im Pflanzloch und seinem Umfeld. Ab März kann er unter Glas oder in Kistchen ausgesät werden. Häufig jedoch kauft man die Jungpflanzen in der Gärtnerei. Ab der zweiten Maihälfte werden die vorgezogenen Pflanzen ins Freie gesetzt.

Im Sommer wünscht Sellerie eine so genannte Kopfdüngung, die mit Flüssigdünger oder Brennnesseljauche durchgeführt werden kann. Sellerie ist auch durchaus empfänglich für einen mineralischen Dünger, denn als Pflanze der Meeresküsten ist er an mineralreiche Böden angepasst. Was er gerne mag: Im Sommer alle drei Wochen das Kochwasser von Salzkartoffeln oder einen salzigen Gemüsesud in die Gießkanne geben, mit 5 l Wasser auffüllen und an den Wurzelbereich des Sellerie gießen.

Ernte und Aufbereitung

Sellerielaub wird sukzessive geschnitten und frisch zum Würzen eingesetzt. Beim Trocknen verliert es stark an Würzkraft. Beim Einfrieren oder Einsalzen wird der Duft besser konserviert. Stängel des Bleichsellerie und Knollen des Wurzelsellerie werden im Spätsommer oder Herbst geerntet. Knollensellerie ist gut lagerfähig.

Im zweiten Kulturjahr kann man den Sellerie zum Blühen kommen lassen und die sehr aromatischen Samen zur Herstellung von Selleriesalz nutzen.

Inhaltsstoffe, medizinische Wirkung, Verwendung

Wurzeln, Blätter und vor allem die Früchte enthalten ätherische Öle, die den charakteristischen Duft erzeugen. Dazu kommen Vitamine, Flavonoide und das waldmeisterähnlich duftende Cumarin. Bemerkenswert ist sein hoher Gehalt an Mineralstoffen und Spurenelementen.

Die Schulmedizin setzt den Sellerie kaum ein, sie hält die Heilwirkungen für nicht ausreichend belegt und warnt vor allergischen Reaktionen. In der Volksmedizin hingegen hat er einen guten Ruf, der sich auf eine mehr als zweitausendjährige Geschichte gründet. Der Saft aus Wurzeln und Blättern oder der Tee aus dem getrockneten Kraut oder den getrockneten Früchten hat eine wassertreibende Wirkung, die sich auch dann einstellt, wenn Sellerie regelmäßig in der Ernährung eingesetzt wird. Diese harntreibende Wirkung kann man bei Problemen mit dem Wasserlassen, bei hohem Blutdruck und Arthrose sowie bei der Schlankheitsdiät als unterstützende Therapie einsetzen.

Schwangere und Patienten mit Nierenentzündung sollten Sellerie in höherer Dosierung oder seinen häufigen Gebrauch meiden.

Verwendung in der Küche

Zwei Möglichkeiten gibt es, um mit Sellerielaub zu würzen: Erst zum Schluss werden die klein gehackten Blätter den Speisen zugefügt oder man kocht einige Sellerieblätter im ganzen mit, was zum Beispiel bei deftiger Erbsensuppe zu empfehlen ist. Sellerielaub schmeckt sehr kräftig, es sollte also nicht verwendet werden, wenn feinere Würztöne zur Geltung kommen sollen. Gut passt sein Duft zu Zwiebeln und Knoblauch. Aus Sellerieknollen kann man ein Gemüse zubereiten oder man verwendet sie für Eintopfgerichte. Für Salat kann Sellerie roh oder gedünstet verwendet werden. Die Stiele des Bleichsellerie werden in Stücke geschnitten und gedünstet.

Rezept für Selleriesalz:
Trockene Selleriesamen werden gemahlen und im Verhältnis 1:1 mit Salz gemischt. Zu empfehlen ist Meersalz oder Jodsalz.

Einjährige Sonnenblume

Helianthus annuus
Korbblütler

Botanische Informationen, Sorten

Die Einjährige Sonnenblume muss, wie der Name sagt, jedes Jahr neu ausgesät werden. Die Heimat der Einjährigen Sonnenblume dürfte Mexiko sein. Bei den Inkas galt die große, schöne Blume mit den nahrhaften, wohlschmeckenden Samen als Symbol für den Sonnengott und wurde heilig gehalten.

Nachweislich seit 1596 wird sie in den europäischen Gärten kultiviert. Im Laufe der Zeit entstanden viele Sorten mit unterschiedlichen Eigenschaften, die man in drei Gruppen einteilen kann:

– hohe, großblumige, ungefüllte Sorten
– hohe, großblumige, gefüllte Sorten
– mittelhohe und niedrige, vielblumige, gefüllte oder ungefüllte Sorten.

Die verschiedenen Gruppen haben unterschiedliche Eigenschaften. Ungefüllte Sorten sind ökologisch vorzuziehen, weil nur sie den Insekten Pollen und Nektar spenden. Bei vielblumigen Sorten dauert die Blütezeit länger, weil sich immer wieder neue Blumen öffnen.

Anbau im Garten und auf dem Feld

Sonnenblumen brauchen von allem viel: viel Wasser, viel Dünger, viel Sonne. Nach diesen Kriterien muss der Platz im Garten gewählt werden. Der Boden muss locker, humusreich und gut gedüngt sein.

Ernte und Aufbereitung

Von der Einjährigen Sonnenblume können die Zungenblüten geerntet, getrocknet und medizinisch genutzt werden.

Inhaltsstoffe, medizinische Wirkung, Verwendung

In ihrer Heimat Amerika werden die Zungenblüten wegen ihrer Heilwirkung genutzt. Die Indianer kochen aus ihnen einen Tee, der bei grippalen Infekten getrunken wird, ähnlich wie bei uns der Tee aus Holunderblüten.

Als Nutzpflanze wird die Sonnenblume in Nordamerika, Russland, auf dem Balkan, in Spanien und inzwischen auch in den sommerwarmen Gegenden Mitteleuropas feldmäßig angebaut. Die Samen werden geerntet und können im Ganzen zum Kochen und Backen verwendet werden. Das ist ein gesunder, wenn auch ziemlich kalorienreicher Vollwertgenuss, denn 100 g Sonnenblumenkerne enthalten immerhin 583 kcal.

Aus den Kernen wird auch das ernährungsphysiologisch besonders wertvolle Sonnenblumenöl gewonnen. Es enthält 36 % mehrfach ungesättigte Fettsäuren, die für die Gesunderhaltung der Herzkranzgefäße sehr bedeutsam sind und dem Herzinfarkt vorbeugen. Dazu kommen 50 mg Vitamin E pro 100 g Öl, wobei der Tagesbedarf 12 mg beträgt, also in 1 bis 1½ Esslöffel des Öls enthalten ist. Es hat damit den höchsten Vitamin-E-Gehalt aller gängigen Speiseöle. Vitamin E hält die Zellwände und Blutgefäße geschmeidig, schützt den Körper vor Umweltgiften und bessert die Beschwerden der Wechseljahre.

Spitzwegerich

Plantago lanceolata
Wegerichgewächs

Botanische Informationen, Wachstumsbedingungen

Drei Wegericharten kommen in unserer Flora häufig vor:
1. **Spitzwegerich** *(P. lanceolata)*. Er ist es, der als Heilpflanze genutzt werden sollte. Er hat schmale, dunkelgrüne Blätter mit parallelen Nerven und knopfartige Blütenstände. Er wächst in fast jeder Wiese und in jedem naturnahen Rasen.
2. **Mittlerer Wegerich** *(P. media)*. Er hat etwas breitere und zähere Blätter. Gut zu erkennen ist er an den länglichen, lila Blütenständen. Wenn Sie Ihren Rasen recht mager halten, dann dürfte sich der Mittlere Wegerich über kurz oder lang einstellen. Er wurde früher in manchen Gegenden neben anderen Kräutern für die „Gründonnerstagssuppe" oder für „Grüne Soße" verwendet.
3. **Breitwegerich** *(P. major)*. Er hat ovale, langgestielte Blätter und lange, schmale, grüne Blüten- bzw. Fruchtstände. Er wächst auf verfestigten Böden und in Pflasterfugen. Sollte er in Ihrem Rasen aufkommen, ist Bodenlockerung angezeigt. In der Volksmedizin wurden früher seine gequetschten Blätter auf frische oder schlecht heilende Wunden gelegt.

Ernte und Aufbereitung

Frische Spitzwegerichblätter können vom zeitigen Frühjahr bis zum Spätherbst geerntet werden. Wenn Spitzwegerich für Tee getrocknet werden soll, muss dies sehr rasch und luftig geschehen, denn er wird sehr leicht schwarz und ist dann so gut wie wertlos. Empfehlenswerter sind Zubereitungen mit Zucker oder Honig.

Inhaltsstoffe, medizinische Wirkung, Verwendung

Die frischen Spitzwegerichblätter enthalten Schleime, Gerbstoffe, Kieselsäure und das Glykosid Aucubin. Eine antibiotische Wirkung ist erwiesen.
Nur wenige Heilpflanzen sind in der Volksmedizin so bekannt wie der Spitzwegerich. Sein Hauptanwendungsgebiet sind Erkältungskrankheiten, vor allem Husten und Bronchitis. Auch eine „blutreinigende" Wirkung kann ihm zugeschrieben werden. Deshalb ist es zu empfehlen, besonders im Frühling kurmäßig einige Blättchen Spitzwegerich klein geschnitten einem Rohkostsalat beizufügen.

Sehr lindernd wirken gequetschte Spitzwegerichblätter als Auflage bei Insektenstichen. Juckreiz und Entzündung werden deutlich gelindert und auch die Infektionsgefahr wird weitgehend abgewehrt.
Rezept für Spitzwegerichhonig:
2 Handvoll Spitzwegerichblätter waschen und gut abtropfen lassen. In der Küchenmaschine zerkleinern und sofort in 500 g etwa 60 °C warmen Honig einrühren. 10 Minuten umrühren, absieben, in kleine Gläser füllen. Am ersten Tag der Erkältung alle 2 Stunden 1 Teelöffel einnehmen. Wenn die Krankheit länger dauert, an den weiteren Tagen alle 4 Stunden. Kleinkinder bekommen $1/2$, Säuglinge $1/4$ Teelöffel.
In der **Tierheilkunde** werden junge Spitzwegerichblättchen verfüttert. Sie sind besonders saftig, was für solche Kleintiere wichtig ist, die wenig oder womöglich nichts trinken. Weil er aber auch ein hochwirksames Medikament bei Erkältungskrankheiten ist, sollte er nicht tagaus tagein als Grünfutter gegeben werden.

Thymian

Thymus vulgaris
Lippenblütler

Wirkung, das heißt, sie töten Bakterien und krankmachende Pilze ab oder hindern sie zumindest an ungezügelter Vermehrung.
Äußerlich wird ein Thymianaufguss für Bäder, Umschläge und zum Auswaschen schlecht heilender Wunden eingesetzt. Ein zweiter, auch von der modernen Medizin anerkannter Einsatzbereich sind Erkrankungen der Atmungswege, auch Bronchitis, Asthma und Keuchhusten. Tee oder fertige Medikamente mit Wirkstoffen des Thymians erleichtern das Abhusten. Sie wirken krampflösend und antibakteriell. Eine lange Tradition hat Thymiantee bei der Behandlung von übel riechenden Durchfällen und anderen lange dauernden oder chronischen Darmerkrankungen. Wahrscheinlich ist Thymiantee auch bei den heute so zahlreichen Pilzinfektionen im Darm einen Versuch wert.
Rezept für ein „Latwerge" (= Mus) als erste Hilfe gegen Husten:
In einem Mörser 1 Teelöffel getrockneten Thymian pulverisieren, mit 1 Esslöffel Marmelade verrühren, langsam essen, lang im Mund behalten.

Anbau im Garten

Thymian ist eine typische Pflanze trockener Standorte. Er sollte an einem sonnigen Platz stehen, z. B. am Beetrand, im Steingarten oder auf der Kräuterspirale. Der Boden sollte mager sein. Er muss tiefgründig und durchlässig sein, denn Thymian hat eine bis zu 20 cm lange Pfahlwurzel. Wichtigste Pflegemaßnahme: Abgeblühte Blütenstände und verwelkte Zweiglein müssen sorgfältig zurückgeschnitten werden. Thymian neigt in seinem unteren Bereich zum Verkahlen. In kalten Lagen ist bei empfindlicheren Sorten Winterschutz zu empfehlen.

Ernte und Aufbereitung

Die Zweigspitzen können während der ganzen Vegetationszeit frisch geerntet und zum Würzen eingesetzt werden. Dafür werden die Zweiglein vor der Blütezeit oder nach dem Neuaustrieb im Spätsommer geschnitten. Zum Trocknen für Tee wird das blühende Kraut abgeschnitten. Thymian muss sehr sorgfältig getrocknet werden, das heißt, an einem schattigen, luftigen Ort. Soll zum Trocknen künstliche Wärme eingesetzt werden, darf sie nicht mehr als 35 °C betragen. Damit Thymian nicht seinen Duft verliert, muss er im luftdichten Schraubglas aufbewahrt werden.

Inhaltsstoffe, medizinische Wirkung, Verwendung

Thymian enthält eine Mischung aus ätherischen Ölen, von denen vor allem das Thymol hervorzuheben ist. Dazu kommen Flavonoide, etwas Gerbstoff und Harz. Wie fast alle Pflanzen trockener Standorte enthält er reichlich Mineralstoffe. Daraus resultiert ein wichtiger Hinweis besonders für Vegetarier und Menschen, die wenig Fleisch essen: Thymian ist jene Pflanze, die den höchsten Eisengehalt hat.
In der Volksmedizin und auch in der Schulmedizin wird Thymian vielfältig eingesetzt. Sein wichtigster Inhaltsstoff Thymol wird heute auch künstlich hergestellt und ist Bestandteil zahlreicher Arzneien. Die Wirkstoffe des Thymians haben eine bakterizide und fungizide

Verwendung in der Küche

In Fleisch-, Fisch- oder vegetarischen Gerichten verleiht ein mitgekochtes Zweiglein Thymian den Speisen den gleichzeitig heftigen und melancholischen Duft eines Abends am Mittelmeer. In manchen Gegenden heißt Thymian auch „Kuttelkraut", was zeigt, dass die deftigen und nicht immer ganz bekömmlichen Innereien durch Thymian geschmacklich und qualitativ verbessert werden. Geschmorte Rippchen, Leber und fette Fische sollten mit Thymian gewürzt werden. Auch für Kräuteressig und eingelegte Gurken ist Thymian zu empfehlen. Manche Kräutermischungen, wie etwa die französischen „fines herbes" enthalten ebenfalls Thymian.

Topinambur

Helianthus tuberosus
Korbblütler

Anbau im Garten, Sorten

Die Topinambur wird häufig auch „Erdbirne" genannt. Wegen ihrer Vermehrungsfreudigkeit setzt man sie am besten nicht ins Gemüse- oder Staudenbeet, sondern als Hecke am Zaun entlang oder sonst an einen etwas abseits gelegenen Platz. Ihre Ansprüche an den Boden sind etwa die gleichen wie bei der mit ihr verwandten Einjährigen Sonnenblume. Sie braucht demnach einen tiefgründigen, nahrhaften Boden, der gut mit Kompost und einem organischen Volldünger vorbereitet werden muss. Es kommt bei ihr besonders auf eine gute Versorgung mit Kalium und Phosphor an. Wenn sie zu viel Stickstoff erhält, blüht sie schlecht und ihre Knollen faulen leicht. Während der Vegetationszeit braucht sie viel Wasser.

Wenn die Topinambur nicht nur als Zierstaude, sondern auch zum Verzehr angebaut werden soll, sind die Sorten 'Gute Gelbe' oder 'Bianca' zu empfehlen.

Ernte und Aufbereitung

Während der Blütezeit sollen die Knollen der Topinambur nicht zum Verzehr geerntet werden, sondern erst im Winterhalbjahr. Es hat hierzulande Zeiten gegeben, in denen die Knollen der Topinambur für die Ernährung der Bevölkerung eine wichtigere Rolle spielten als die Kartoffeln. Sie haben jedoch gegenüber der Kartoffel einen entscheidenden Nachteil: Sie sind nicht lagerfähig und sollten also im Beet bleiben und jeweils nach Bedarf ausgegraben werden, wenn der Boden frostfrei ist. Sie sind jedoch in der Erde nicht frostempfindlich und sollen sogar Temperaturen bis −30 °C vertragen.

Inhaltsstoffe, medizinische Wirkung, Verwendung

Eigentlich sind die Topinamburknollen ein Gemüse, aber sie können auch indirekt medizinisch eingesetzt werden. Neben Vitaminen und Mineralstoffen enthalten sie einen eigenartigen Stoff namens Inulin. Es handelt sich dabei um eine Stärkeart, die erstmals im Alant entdeckt wurde. Alant heißt wissenschaftlich „Inula" und nach ihm wurde diese spezielle Stärkeart benannt, die auch in verschiedenen anderen Pflanzen, vor allem Korbblütlern, enthalten ist. Inulin macht die Topinambur für die Diabetiker-Diätküche interessant. Diese Stärkeart baut sich im Körper nicht zu Traubenzucker, sondern zu Fruchtzucker ab, der bekanntlich für Diabetiker als Diätzucker verwendet werden kann.
Beachten Sie: Die Stärke „Inulin" darf nicht mit dem Hormon „Insulin" verwechselt werden, das im Zuckerhaushalt des Körpers eine lebenswichtige Rolle spielt.

Verwendung in der Küche

Topinamburknollen können roh geraspelt als Salat, gedünstet als Gemüse oder in Fett gebacken zubereitet werden. Der Geschmack erinnert an einen etwas süßlichen Kohlrabi oder an Artischocken. Bei der Berechnung für die Diabetikerdiät entsprechen 180 g rohe, geschälte Topinambur einer Broteinheit (1 BE = 20 g Weißbrot).
Leider hat das Ganze einen Haken. Der menschliche Körper besitzt kein Enzym, das Inulin spalten kann. Demnach wird die Topinamburknolle unverdaut durch den Magen und Dünndarm geschleust. Inulin wird deshalb häufig zur Gruppe der Ballaststoffe gezählt. Im Dickdarm stürzt sich ein Heer von Bakterien auf das Inulin und zerlegt es in kleine Fruchtzuckerteilchen. Dies geschieht häufig mit heftigen Blähungen. Bei manchen Menschen stellt sich die Verdauung mit der Zeit darauf ein, mancher gewöhnt sich nie daran.

Weißdorn

Crataegus sp.
Rosengewächs

Botanische Informationen, Wachstumsbedingungen, Kultur im Garten

Zwei Weißdorn-Arten, nämlich der Eingriffelige *(C. monogyna)* und der Zweigriffelige *(C. laevigata)*, sowie zahlreiche Unterarten werden medizinisch genutzt. Wenn Sie die Möglichkeit haben, in der naturnahen Gartenhecke, eventuell als lebender Zaun, auch den Weißdorn mit zu verwenden, folgen Sie einer guten, alten Tradition, denn er heißt auch Hagedorn und das Wort „Hag" bedeutet „Zaun". Man muss dann allerdings die unterschiedlichen Bedürfnisse der beiden Arten kennen und ein wenig respektieren. Der Eingriffelige Weißdorn braucht Sonne und eher trockenen, kalkhaltigen Boden. Der Zweigriffelige Weißdorn benötigt nährstoffreichen Lehmboden, der auch sauer sein kann.

Die Blüten des Weißdorns riechen etwas seltsam und zwar nach Trimethylamin, weswegen ihn im Allgemeinen die Bienen nicht gerne besuchen. Ökologisch ist er dennoch sehr wertvoll, weil er den Vögeln Nistgelegenheit und im Herbst mit seinen Beeren Nahrung bietet.

Ernte und Aufbereitung

Geerntet und getrocknet werden die Blüten und jungen Blätter. Traditionsgemäß wurden früher auch die getrockneten Früchte für Tee verwendet.

Inhaltsstoffe, medizinische Wirkung, Verwendung

Weißdorn enthält cholinartige Stoffe, die eine Erweiterung der Gefäße bewirken. Flavone und biogene Amine steigern die Leistung des Herzmuskels. Aber erst das Zusammenspiel aller Inhaltsstoffe ist für die günstige Wirkung verantwortlich.

Weißdorn gehört heute zu den am häufigsten verwendeten Heilpflanzen. Im Vordergrund steht die günstige Beeinflussung des Altersherzens. Die Durchblutungsförderung des Herzmuskels wurde wissenschaftlich eindeutig nachgewiesen. Von der Durchblutungsförderung profitiert auch das Gehirn, wodurch Lebensfreude und geistige Leistungsfähigkeit gesteigert werden. Aber nicht nur ältere Leute, sondern auch jüngere Menschen, die ständig überfordert werden und bei denen es zu frühzeitigen Abnützungserscheinungen kommen kann, sind mit Weißdorn gut beraten.

Angewendet wird Weißdorn am besten vorbeugend, aber auch dann, wenn bereits ein Gefühl der Herzenge als Vorbote einer beginnenden Angina pectoris vorliegt. Auch beim Weißdorn sollte, wie so oft bei Heilpflanzen, die Betonung auf „Vorbeugung" liegen.

Weißdorn als Tee oder wenn bereits stärkere Beschwerden vorliegen als Fertigpräparat, ist auch als Langzeitmittel und im Dauergebrauch unbedenklich.

Zubereitung von Weißdorntee:
2 Teelöffel Weißdornblüten mit Blättern mit ¼ Liter heißem Wasser überbrühen und 20 Minuten ziehen lassen. 2 bis 3 Mal täglich 1 Tasse trinken. Der Geschmack kann mit Pfefferminze verbessert werden.

Wermut

Artemisia absinthium
Korbblütler

Botanische Informationen, Arten, Anbau im Garten

Die Gattung *Artemisia* bringt eine Fülle an interessanten, würzigen und heilkräftigen Arten hervor, die mit ihrem häufig silbergrauen Laub im Garten außerordentlich attraktiv aussehen. Es sei daran erinnert, dass auch Beifuß, Estragon und Eberraute dieser Gattung angehören. Außer *Artemisia absinthium* ist für den Garten noch der Baumwermut *(A. arborescens)* zu empfehlen. Der Stamm verholzt stärker und die Blätter sind noch silbriger. Er ist eine ausdrucksvolle Kübelpflanze für sonnige Standorte. Sein Aroma ist milder und angenehmer. In den Mittelmeerländern wird er als Heilmittel und zum Würzen genutzt.
Römischer Wermut *(A. pontica)* ist eine zierlichere Form des Wermuts mit besonders fein zerteilten Blättern. Er breitet sich durch unterirdische Rhizome aus und hat ein mildes, feines Aroma.
Die Wermutarten sind ausdauernde, ausladende Stauden, die im Garten viel Platz brauchen. Dazu kommt, dass sie aufgrund ihrer Wurzelausscheidungen andere Pflanzen in ihrem Umkreis kaum aufkommen lassen. Der Standort sollte voll sonnig sein. Der Boden muss locker, tiefgründig und durchlässig sein. Schwerer oder saurer Boden wird mit Kalksteinen gelockert. Im Herbst oder Frühjahr wird Wermut zurückgeschnitten und mit Kompost gedüngt. In kalten Lagen ist Winterschutz zu empfehlen.

Ernte und Aufbereitung

Geerntet und getrocknet werden die oberen Stängelteile, wenn die Blütchen eben aufzublühen beginnen.

Inhaltsstoffe, medizinische Wirkung, Verwendung

Wermut ist ein typisches „Amarum aromaticum", also ein Kraut, das gleichzeitig bitter und würzig ist. An Bitterstoffen wäre vor allem das Absinthin zu nennen. Dazu kommen ätherische Öle, vor allem Thujon, Thujol und Phellandren sowie Gerbstoffe.
Als Magen- und Gallenmittel ist Wermut seit mehr als 2000 Jahren bestens bewährt. Er stärkt den „schwachen Magen" und hilft bei Völlegefühl, bei schlechter Bekömmlichkeit mancher Speisen und mildert die Beschwerden bei „unruhiger Galle". Auch zur vorbeugenden Steigerung der Widerstandskraft gegen Infektionen oder zur allgemein tonisierenden (stärkenden) Behandlung nach grippalen oder anderen Infekten wäre eine Teekur von 2 bis 4 Wochen mit Wermut zu empfehlen.

Vorsicht: Schwangere dürfen Wermut in keiner Form zu sich nehmen.
Im giftfreien Garten können Blattläuse oder andere Schädlinge mit Wermuttee bekämpft werden: 300 g frische oder 30 g getrocknete Blätter und Blüten in 1 l Wasser aufkochen, ziehen lassen, abgießen, auf 5 bis 10 l verdünnen.
Rezept für Wermuttee:
1 Teelöffel getrocknetes Kraut mit ¼ l Wasser überbrühen, 10 Minuten ziehen lassen, absieben. Bis zu 3 Tassen täglich trinken. Nicht überdosieren, kein Dauergebrauch.

Verwendung in der Küche und zur Herstellung von Spirituosen

Zum Kochen wird Wermut selten verwendet und nur seine weniger bitter schmeckenden Sorten, zum Beispiel in südlichen Ländern für Gulasch oder Wurstsalat. Zum Würzen von Wein und zur Herstellung von Bitterlikören, dem so genannten Absinth, hat er eine lange Tradition. In manchen Ländern, auch in Deutschland, ist der Verkauf von Wermutschnäpsen verboten.

Zitronenmelisse

Melissa officinalis
Lippenblütler

Botanische Informationen, Anbau im Garten

Wenn man bei uns von „Melisse" spricht, handelt es sich fast stets um die Zitronenmelisse. In der Schweiz ist oft die Gold-Melisse *(Monarda didyma)* gemeint, die bei uns Monarde oder Indianernessel heißt, in England wegen ihres Duftes Bergamot. *Monarda citriodora*, auch Prärie-Bergamot genannt, ist eine einjährige Teepflanze mit besonders intensivem Zitronenaroma, weshalb sie im Englischen auch „Lemon Mint" heißt. Aus ihr wird häufig ein erfrischender Tee zubereitet oder sie wird mit Schwarzem Tee gemischt. Auch zur Herstellung von Limonaden wird sie verwendet. „Melisse" werden häufig auch die 'Citriodora'-Sorten der Katzenminze *(Nepeta cataria)* genannt, die nach Zitrone duften. Sehr attraktive Effekte kann man im Garten mit buntlaubigen Melissesorten erzielen, zum Beispiel mit der gelbbunten *Melissa officinalis* 'Variegata' und mit der glänzend goldlaubigen Sorte 'Aurea'. Melissen brauchen im Garten einen sonnigen oder halbschattigen Standort mit humosem, tiefgründigem Boden. Das Pflanzloch wird mit Kompost und bei schlechteren Böden mit einem organischen Vorratsdünger versorgt. Jedes Jahr im Herbst oder Frühling erhält die Pflanze etwas Kompost. Werden die Blätter oft geschnitten, ist im Laufe des Sommers eine Kopfdüngung mit Flüssigdünger angezeigt.

Ernte und Aufbereitung

Zum Würzen werden frische Triebspitzen und Blätter geschnitten. Wenn die Melisse im Sommer zum Blühen kommt, schneidet man sie zurück und verwendet den Neuaustrieb. Getrocknete Melisse ist zum Würzen nicht geeignet, wohl aber für die Teebereitung.

Inhaltsstoffe, medizinische Wirkung, Verwendung

Der wichtigste Inhaltsstoff ist das ätherische Öl mit Citronellal und Citral. Ein geringer Gehalt an Gerbstoffen und Flavonoiden unterstützt die Heilwirkung.
Im Vordergrund steht die beruhigende Wirkung der Melisse. Bei Nervosität, bei der Unfähigkeit, am Abend „abzuschalten" und einzuschlafen, ist Melissentee das Mittel der Wahl und auch für Kinder geeignet. Wem der Stress „auf den Magen schlägt" und wer funktionelle nervöse Herzbeschwerden hat, sollte eine Teekur von 4 bis 8 Wochen oder auch länger mit 3 bis 4 Tassen Melissentee täglich machen. Schon im Mittelalter wurde in den Klöstern ein alkoholischer Auszug aus der Zitronenmelisse hergestellt, bis heute als „Melissengeist" bekannt. Dieser kann bei den gleichen Indikationen wie eben beschrieben eingesetzt werden.
Rezept für Melissentee:
3 Teelöffel getrocknete Melissenblätter mit ¼ l kochendem Wasser überbrühen, zugedeckt 10 bis 15 Minuten ziehen lassen, eventuell mit Honig süßen, langsam schluckweise trinken.
In der **Tierheilkunde** wird Melisse genau wie in der Humanmedizin bei nervösen Herzbeschwerden und nervösen Magen-Darm-Störungen sowie Unruhe und Schlaflosigkeit in Form von gesüßtem Tee verabreicht. Ältere Tiere neigen häufig zu Herzschwäche, was sich durch „schweres Atmen" bemerkbar macht. Hier leistet Tee aus Zitronenmelisse, am besten gemischt mit Blättern und Blüten des Weißdorns, gute Dienste.

Verwendung in der Küche

Melisse darf nicht mitgekocht werden. Sie wird Salaten, Rohkostgerichten und Quarkspeisen geschnitten oder im ganzen zugefügt, zunehmend auch Süßspeisen und Getränken. Sie verträgt sich mit allen anderen Kräutern. Mit Melisse kann ein feiner, heller Kräuteressig angesetzt werden. In der Türkei streut man über den Pilaw (Eintopf-Reisgericht mit Enten- oder Hammelfleisch) am Schluss ganze Zitronenmelisse- oder Würzminzeblättchen.

Zwiebel

Allium sp.
Lauchgewächs

Anbau im Garten

Saatzwiebeln werden ab Anfang Februar im Gewächshaus angesät, die Sämlinge pikiert und im April ausgepflanzt. Die Freilandaussaat ist ab Mitte März möglich. Meistens werden allerdings Steckzwiebeln gekauft. Sie werden im April 4 cm tief eingepflanzt, Reihenabstand 25 cm, Abstand in der Reihe 20 cm.
Alle Zwiebelarten brauchen einen sonnigen, geschützten Standort. Sie vertragen keine lang anhaltende Nässe, müssen aber bei trockener Witterung und leichtem Boden immer rechtzeitig gegossen werden, weil sie sonst ihr Wachstum einstellen.

Ernte und Aufbereitung

Nach Möglichkeit sollten reife Küchenzwiebeln während einer trockenen Schönwetterperiode aus dem Boden gezogen werden. Man lässt sie noch einige Tage auf dem Beet zur Nachreifung liegen. Manche Gartenfreunde schwören für die Reife aufs „Umtreten" der Schäfte, manche heben zum Nachreifen die Zwiebeln im Beet mit der Grabegabel leicht an. Vorratszwiebeln müssen vor dem Einlagern sorgfältig getrocknet werden, was traditionsgemäß in Form eines kunstvoll geflochtenen „Zwiebelzopfs", der luftig aufgehängt wird, geschieht.

Inhaltsstoffe, medizinische Wirkung, Verwendung

Die Zwiebel enthält eine Mischung aus ätherischen Ölen, von denen das Alliin und das Allicin hervorzuheben wären. Die Schwefelverbindung Propanthialoxid ist jener Stoff, der uns beim Zwiebelschneiden „zu Tränen rührt".
Dazu kommen Vitamine und Mineralstoffe.
In der Volksmedizin aller Völker, in denen die Zwiebel bekannt war, spielte sie seit jeher eine bedeutende Rolle. In Ägypten galt sie sogar als heilig. Zahlreiche Hausmittel gegen Grippe, Husten, auch Keuchhusten, Halsentzündung, zur Darmentgiftung und gegen Appetitlosigkeit sind von ihr überliefert. Der sprichwörtlich „verjüngende" Effekt der Zwiebel ist vor allem auf die durchblutungsfördernde Wirkung zurückzuführen. Eine günstige Beeinflussung der Blutfettwerte und Senkung eines erhöhten Cholesterinspiegels sind nachgewiesen, wenn täglich Zwiebel-Presssaft eingenommen wird. Wer eine medizinische Wirkung auf die Blutwerte erzielen will, muss täglich mindestens 50 g rohe Zwiebeln essen.
Bei Darmentzündungen und der Neigung zu Darmblutungen sollten Zwiebeln (und auch Knoblauch) gemieden werden. Auch Menschen mit der Neigung zu übersäuertem Magen, Magengeschwüren und Sodbrennen müssen meistens auf die Zwiebel verzichten, denn sie regt die Ausscheidung von Verdauungssäften an, was an sich erwünscht ist, aber „allzu viel ist ungesund".

Rezept für ein Hausmittel gegen Husten:
Etwa 2 gestrichene Esslöffel einer sehr klein gehackten Zwiebel in $1/4$ l heiße Milch einrühren, $1/4$ Stunde ziehen lassen, absieben, mit Honig süßen. 3- bis 4-mal am Tag 1 bis 2 Esslöffel dieser Arznei einnehmen.

Verwendung in der Küche

Kaum ein Küchengewürz ist so universal einzusetzen wie die Zwiebel. Je nach Geschmack und Zweck wird sie roh, gekocht, gedünstet oder gebraten den Speisen zugesetzt oder mit verarbeitet. Sowohl für deftig-volkstümliche Gerichte als auch für die feine Küche wird sie gleichermaßen eingesetzt. Derbe Wurst- oder Käsesalate „mit Musik", was die Wirkung auf den Darm unmissverständlich beschreibt, sowie edle Ragouts sind ohne Zwiebeln undenkbar. Manche Speisen verraten schon durch ihren Namen, dass die Zwiebel „die" entscheidende Komponente ist, beispielsweise Zwiebelrostbraten, Zwiebelsuppe oder Zwiebelbrot. Zwiebeln vertragen sich mit jedem anderen Gewürz. Frische, aufgeschnittene Zwiebeln sollte man nicht stehen lassen, denn sie verändern an der Luft ihren charakteristischen Geruch.

Weitere empfehlenswerte Heilpflanzen

Ackerschachtelhalm

Equisetum arvense
Schachtelhalmgewächs

Volkstümlich wird die Pflanze oft Zinnkraut genannt. Den tonig-lehmigen, zur Staunässe neigenden Boden, auf dem das Zinnkraut gerne wächst, wünsche ich Ihnen nicht in Ihrem Garten. Aber die vielfältigen Heilwirkungen dieser Kieselsäurepflanze sollten Sie nutzen. Der Tee aus der getrockneten Pflanze wird bei degenerativer Arthrose, Krampfadern, chronischer Bronchitis, Nierenleiden und zur „Blutreinigung" empfohlen. Im naturnahen Garten werden die Pflanzen, z. B. die Rosen, vorbeugend gegen Pilzkrankheiten mit Schachtelhalmtee gespritzt.

Akelei

Aquilegia vulgaris
Hahnenfußgewächs

Sie wird als Zierstaude in verschiedenen Sorten angeboten und eignet sich gut für den sonnigen bis halbschattigen Gehölzrand.
In der mittelalterlichen Sakralkunst galt die Akelei als Symbol für das Erlösungswerk Christi. Als Heilpflanze wird sie heute kaum noch genutzt. Wegen ihrer Giftigkeit wird von einer Selbstmedikation abgeraten. In der „Hildegard-Medizin" mit Heilmitteln nach Hildegard von Bingen werden Akelei-Honig und Akelei-Wein bei Verschleimung und fieberhafter Erkältung empfohlen.

Alant

Inula helenium
Korbblütler

Die traditionsreiche Bauerngartenpflanze mit den riesigen Blättern und ausdrucksvollen Blüten wird bis zu 2 m hoch. Die ausdauernde Pflanze braucht tiefgründigen, humusreichen, gut gedüngten Boden. Auszüge aus der Alantwurzel sind Bestandteile mehrerer Hustenmedikamente. Von einer Selbstmedikation wird wegen der Gefahr ernster Nebenwirkungen (Erbrechen, Durchfall, Allergien) abgeraten.

Bachbunge

Veronica beccabunga
Braunwurzgewächs

Wenn Sie Freude an einheimischen Arten haben, könnten Sie die Bachbunge im Gartenteich pflanzen. Schon im Vorfrühling kann man die dunkelgrünen, glänzenden, elliptischen Blätter als Salatgewürz einsetzen. Hildegard von Bingen empfiehlt die Bachbunge zur Darmregulierung. Zu viele und ältere Blätter sollte man nicht nehmen, da, wie bei allen Braunwurzgewächsen, eine leichte Giftwirkung nicht auszuschließen ist.

Balsamkraut

Tanacetum balsamita
Korbblütler

Lange Zeit war die traditionsreiche Pflanze, auch Frauenminze oder Marienblatt genannt, so gut wie vergessen. Heute erhält man sie wieder in Spezialgärtnereien. Gerade im bayerischen Raum wurde die Frauenminze als „Schmeckablaadl", zu Hochdeutsch „Riechblättchen" benutzt. Ein Sträußchen frisch gepresster Duftminze im Gebet- oder Gesangbuch sollte mit seinem Aroma die Bäuerin während der nicht immer unterhaltsamen Predigt in der Kirche wach halten. Mit ihrem netten Aussehen eignet sich die ehrwürdige Bauerngartenpflanze gut zum Sträußebinden, wenn Sie Freude am Schlichten und dennoch Besonderen haben.

Birke

Betula pendula
Birkengewächs

Ob Sie in Ihrem Garten der Birke einen Platz einräumen, hängt von der Größe Ihres Grundstücks und eventuell auch der Toleranz Ihrer Nachbarn ab, denn die Birke „säuft, frisst und kämpft", wie der Gärtner sagt, das heißt: Weithin in ihrem Umkreis lässt sie anspruchsvollere Pflanzen nicht aufkommen, weil sie dem Boden sehr viel Wasser und Nährstoffe entzieht. Aber ohne Frage ist sie attraktiv.
Der Tee aus ihren getrockneten Blättern gehört zu den mildesten „Blutreinigungsmitteln", das bedeutet, er regt die Nieren an, ohne sie zu reizen. Im nordischen und slawischen Kulturkreis galt sie als Allheilmittel.

Brombeere

Rubus fruticosus
Rosengewächs

In Dutzenden von Arten und Unterarten besiedeln Brombeeren Waldränder, Hecken und Ödland. Wahrscheinlich gehen irgendwann auch in Ihrem Garten am Heckenrand oder nahe dem Kompost Wald-Brombeeren auf.
Die getrockneten Blätter wilder Brombeeren enthalten zahlreiche heilsame Inhaltsstoffe, aber jeweils nur in geringer Menge. Sie sind besonders als Grundlage für Teemischungen zu empfehlen, denn sie fördern in Arznei-Tees die Heilwirkung, wirken ausgleichend im Geschmack und sind in allen Hausteemischungen gesundheitsfördernd.

Buchsbaum

Buxus sempervirens
Buchsgewächs

Früher war er in der bäuerlichen Volksmedizin eine hoch geschätzte Heilpflanze, die sozusagen als „ultima ratio" bei lebensbedrohenden Krankheiten eingesetzt wurde. Da er aber hoch giftige Alkaloide enthält, führte die Einnahme nicht selten zum Tode. Eine Selbstmedikation kommt deshalb nicht in Frage.
Aber mit dem Besinnen auf gute alte Traditionen des Bürger- und Bauerngartens scheint der robuste immergrüne Strauch als Ziergehölz in die Gärten zurückzukehren. Formale Gartenanlagen mit niedrigen Buchshecken um die Beete, besonders um Gemüse- und Kräuterbeete, sind wieder hochmodern. Jeder Boden ist ihm recht, nur austrocknen darf der Wurzelbereich nicht.

Christrose

Helleborus niger
Hahnenfußgewächs

Für den Garten gibt es außer der charakteristischen weißblühenden Christrose recht aparte rote, grüne und rotgrün changierende Arten und Sorten. Manche blühen bereits im Herbst, manche bis weit ins Frühjahr hinein. Die Christrose gedeiht am besten an einem geschützten Platz im Halbschatten mit durchlässigem, kalkhaltigen Boden. Eine Mulchdecke aus Laub ist sehr günstig. Einmal im Jahr wird mit halbreifem Kompost gedüngt.
Zeitweise spielte die Christrose trotz erheblicher Giftigkeit in der Volksmedizin für Mensch und Vieh eine tragende Rolle.
Paracelsus nannte sie ein „Elixier zu langem Leben". Auch im Schnupftabak hatte sie lange Zeit ihren festen Platz, weil sie aufgrund einer beträchtlichen lokalen Reizwirkung das befreiende Niesen auslöst. Weitere Forschungen müssen ergeben, ob ihre herzwirksamen Glycoside wieder Eingang in die Medizin finden.

Diptam

Dictamnus albus
Rautengewächs

Wenn Sie Ihren Garten im Sinne naturnaher Lebensräume gestalten wollen und wenn Sie Raritäten lieben, dann passt der Diptam in den Lebensbereich „sonniger bis halbschattiger Gehölzrand". Der Boden muss locker und gut mit Kalk versorgt sein. Diptam besitzt außer attraktiven Blüten auch sehr ausdrucksvolle Fruchtstände, die sich gut für Trockensträuße eignen.
Hildegard von Bingen schreibt dem Diptam die „Kraft des Feuers" zu. Sie empfiehlt Zubereitungen aus der Wurzel gegen den „Stein, der von fetter Natur kommt", also offenbar gegen Gallensteine. Die moderne Schulmedizin verwendet den Diptam nicht, aber in der bäuerlichen Volksmedizin hat er eine lange Tradition bei der Behandlung von Krämpfen, Magenkrankheiten und Nierenleiden sowie als Extrakt zum Einreiben bei rheumatischen Schmerzen.

Eberesche

Sorbus aucuparia
Rosengewächs

Sie heißt auch Vogelbeerbaum und kommt wild wachsend als Pioniergehölz in Steinbrüchen, Waldschlägen und an Straßenrändern vor. Im Garten eignet sie sich auch auf schlechtesten Böden als Solitär oder als Bäumchen im lichten Heckenbereich.
Der Genuss der rohen Früchte kann Durchfall hervorrufen, was auf dem Gehalt an Parasorbinsäure beruht. Nach dem ersten Frost können Früchte zu einem sehr aparten Kompott verarbeitet werden. Das ist besonders für Diabetiker zu empfehlen, da Vogelbeeren anstelle Traubenzucker das Kohlenhydrat Sorbose enthalten. Gartenformen sind 'Moravica' und 'Edulis'.

Eberraute

Artemisia abrotanum
Korbblütler

Die Eberraute ist eine Zier-, Gewürz- und Heilpflanze, die bereits im Capitulare de Villis Karls des Großen erwähnt ist.
Jahrhundertelang war sie fester Bestandteil der traditionellen Bauerngartenflora. Sie ist ausdauernd und braucht einen geschützten Platz im Garten. Im Frühjahr sollte sie gut zurückgeschnitten werden. Außer den für die Gattung *Artemisia* üblichen Bitterstoffen enthält sie verschiedene ätherische Öle, von denen eines nach Zitrone duftet. Sie ist kein Gewürz für alle Tage, setzt aber charakteristische Akzente, wenn das Gericht „kräftig" schmecken soll. Wenn Sie das Besondere im Garten und im Kochtopf lieben, brauchen Sie unbedingt die Eberraute. Zum Sträußebinden und zur Anfertigung von Gestecken sind ihre Triebe mit den fein zerteilten, leicht dunkelgrau getönten Blättern eine aparte Bereicherung.

Estragon

Artemisia dracunculus
Korbblütler

Die Stammform des Estragon kommt wild wachsend an Flussufern in Süd- und Mittelrussland vor. Er wird in einigen Sorten angeboten. Empfehlenswert ist der sehr würzige, feinblättrige Französische Estragon. Er braucht im Garten einen geschützten Standort mit nahrhaftem, durchlässigem Boden, der nicht austrocknen darf. Französischer Estragon besitzt wenig Bitterstoffe, aber viel ätherisches Öl. Er ist Bestandteil der berühmten „Fines Herbes" und die typisch französischen Soßen, wie etwa die Sauce Béarnaise, sind ohne Estragon undenkbar. Er entfaltet seinen Duft am besten mit Säure, so dass er nach dem Schneiden, ehe man ihn den Speisen zufügt, mit etwas Zitrone beträufelt werden sollte. Deshalb kann mit ihm ein aromatischer Kräuteressig angesetzt werden. Zum Trocknen eignet er sich nicht gut, weil sein charakteristischer Duft verloren geht.

Frauenmantel

Alchemilla vulgaris
Rosengewächs

Vielleicht siedelt sich die freundliche Pflanze spontan im Rasen Ihres Gartens an, besonders wenn Sie diesen nicht zu stark düngen, nicht zu oft mähen und nicht mit Unkrautvernichtungsmitteln traktieren. Seine Hauptinhaltsstoffe sind Gerbstoffe und Gerbstoffglycoside. Volksmedizinisch wird ein Tee aus dem Frauenmantel bei Durchfall und zum Gurgeln bei Halsentzündung empfohlen. Bei Unterleibsstörungen hat eine Teemischung aus Frauenmantel, Gänsefingerkraut, Schafgarbenblüten und Kamillenblüten eine lange Tradition.
Als Randbepflanzung für die Staudenrabatte sei die Gartenform *Alchemilla mollis* empfohlen.

Gänseblümchen

Bellis perennis
Korbblütler

Diesem freundlichen Pflänzchen aus der Familie der Korbblütler ist jeder Boden recht. Es ist beileibe kein Rasenunkraut, sondern eine in der Volksmedizin seit altersher geschätzte Heilpflanze. Für die Heilwirkung bei Bronchitis ist vor allem der Saponingehalt mit seiner „lösenden" Wirkung verantwortlich. Getrocknete Blätter und Blüten sind Bestandteil mancher Teemischungen. Die Mischung mit Stiefmütterchenkraut ist Erfolg versprechend bei unreiner Haut, wobei der Tee äußerlich für Waschungen und innerlich zur Blutreinigung eingesetzt werden sollte. Die Blättchen können auch frisch klein geschnitten in Salate gemischt werden.

Giersch

Aegopodium podagraria
Doldenblütler

Selbst sehr wohlwollende Ökogärtner, denen das Wort „Unkraut" nur schwer über die Lippen geht, verlieren beim Giersch die Geduld. Keine Frage, gegen ihn muss etwas unternommen werden, sonst geht der Spaß am Garten verloren. Häufiges Jäten, besonders im Herbst, ist wirksam, denn „im Frühling ist der Giersch ein Jüngling, im Herbst ein schwacher Greis". Sein Artname „podagraria" zeigt, dass er früher gegen die Gicht = Podagra eingesetzt wurde. Frische Blättchen, klein geschnitten in den Salat gemischt, eignen sich zu einer „blutreinigenden" Frühjahrskur. In Großbritannien und inzwischen auch bei uns kann man Giersch mit panaschierten Blättern als Zierpflanze kaufen.

Ginkgo

Ginkgo biloba
Ginkgogewächs

Wenn Sie Freude am Außergewöhnlichen und viel Platz im Garten haben, könnten Sie einen Ginkgo pflanzen, der auch „Chinesischer Tempelbaum" heißt. Er ist besonders widerstandsfähig gegen Luftschadstoffe. Obwohl er schöne Blätter besitzt, ist er näher mit den Nadelbäumen verwandt als mit unseren heutigen Laubbäumen.

Auszüge aus dem Ginkgobaum werden zur Herstellung von Medikamenten gegen zentrale Durchblutungsstörungen verwendet. Zur Selbstmedikation sind die Blätter nicht geeignet.

Gundermann

Glechoma hederacea
Lippenblütler

Ganz sicher wächst dieser dunkelviolett blühende Lippenblütler mit dem seltsamen Geruch auch in Ihrem Garten unter Sträuchern. Gundermann ist ein typisches Beispiel dafür, wie die Wertschätzung einer Pflanze verloren gehen kann. In der germanischen, altdeutschen und mittelalterlichen Heilkunde, auch bei Hildegard von Bingen wurde er sehr hoch geschätzt. Er besitzt eine entzündungshemmende Wirkung als Gurgeltee bei Halsschmerzen. In manchen Gegenden gehört er frisch klein gehackt in die Gründonnerstagssuppe.

Hauswurz

Sempervivum tectorum
Dickblattgewächs

Jahrhundertelang brachte man in der bäuerlichen Volksmedizin der Hauswurz große Wertschätzung entgegen. Mit Schweineschmalz wurde ihr Saft zu einer Salbe verarbeitet, die auf Geschwüre und schlecht heilende Wunden aufgetragen wurde. Mit Wein gemischt verordnete man sie gegen Fieber.
Sie sollte auf dem Dach des Landmannes wachsen, heißt es im Capitulare de Villis, denn man glaubte, dass sie das Haus vor Blitzschlag schützt. Der Steingarten oder auch ein Torpfosten ist der richtige Platz für sie.

Heckenrose

Rosa sp.
Rosengewächs

Etwa 30 wild wachsende Rosenarten gibt es in unserer einheimischen Flora. In der naturnahen Gartenhecke ist die Hecken- und Hundsrose in jeder Hinsicht ein Gewinn, auch ökologisch betrachtet. Ihre roten Früchte, die Hagebutten, werden medizinisch genutzt. Hagebutten gehören zu den vitaminreichsten Früchten überhaupt. 1250 mg Vitamin C pro 100 g Frucht, dazu die Vitamine A, B_1, B_2 und K. Vor allem in der Kinderheilkunde, und als heißes oder kaltes Erfrischungsgetränk sowie in Teemischungen spielt die Hagebutte eine wichtige Rolle.

Kapuzinerkresse

Tropaeolum majus
Kapuzinerkressengewächs

Die Heimat dieser einjährigen Pflanze sind Peru und die angrenzenden Länder. Sie wird in mehreren Sorten mit unterschiedlicher Wuchsform und Blütenfarbe angeboten. Rankende Formen können zum Begrünen von Zäunen, Mauern und Balkonen eingesetzt werden, niedrige, nicht rankende Formen als Beeteinfassung. Sie braucht einen sonnigen Platz und ist auch mit kargem Boden zufrieden. Die Samen werden im Mai ins Beet gesteckt.
In ihrer Heimat werden die frischen Blätter seit altersher von den Indianern zur Behandlung infizierter Wunden verwendet. Die frischen Blätter können sparsam bei Infektionen der ableitenden Harnwege und bei Bronchitis eingesetzt werden, indem man die Blätter in den Salat mischt. <u>Vorsicht:</u> Bei Überdosierung kann es zu Reizungen der Magen- und Darmschleimhaut kommen.

Katzenminze

Nepeta cataria
Lippenblütler

Wer sein Augenmerk auf Modeerscheinungen im Garten richtet, dürfte beobachtet haben, dass diese alte Bauerngartenpflanze, früher *Marum verum* genannt, in den sechziger, siebziger und achtziger Jahren kaum in den Gärten zu finden und auch im Fachhandel schwer zu bekommen war. Inzwischen ist sie wieder modern, auch zur Freude der Katzen, die sich gerne ins Beet auf diese stark duftende Pflanze legen, um sich zu sonnen. Hochwüchsige, nach Zitrone duftende Sorten werden häufig auch „Melisse" genannt und für Würzzwecke sowie als Tee eingesetzt.
Katzengamander *(Teucrium marum)*, auch Katzenthymian genannt, ist, wie der Name sagt, ebenfalls bei Katzen sehr beliebt, nicht nur als Ruheplatz im Beet, sondern es wird häufig an dieser kräftig duftenden Pflanze auch geknabbert.

Katzenpfötchen

Antennaria dioica
Korbblütler

In sandigen Trockenbereichen des Gartens sieht das kriechende Pflänzchen mit seinen silbergrauen Blättern und silberrosa oder roten Blüten reizend aus. Eine zweite Pflanze mit ähnlichen Ansprüchen, aber gelb blühend, nämlich die Sand-Strohblume (Helichrysum arenarium), wird manchmal ebenfalls Katzenpfötchen genannt.
Geerntet und getrocknet werden bei beiden Arten die Blütenstände. Beide Katzenpfötchenarten werden medizinisch in der gleichen Weise eingesetzt, nämlich als harntreibendes Mittel bei Gicht und Rheuma sowie bei Magen- und Darmbeschwerden, vor allem bei Durchfall.

Kornelkirsche

Cornus mas
Hartriegelgewächs

Für die Gartenhecke oder als Solitär an einem etwas geschützten Platz ist die Kornelkirsche ein besonders empfehlenswerter Strauch. Sie beginnt bereits ab Ende Februar zu blühen. Ihre länglichen, roten Steinfrüchte enthalten die Vitamine A und C, organische Säuren, Pektine und einen bakteriostatisch wirkenden Stoff, der sich günstig auf eine gestörte Darmflora auswirkt.
In Südosteuropa, einem Verbreitungsschwerpunkt der Kornelkirsche, wird der Saft aus den säuerlichen Früchten traditionsgemäß als Mittel gegen Fieber eingesetzt wie bei uns der Holundersaft. Die Früchte können wie Preiselbeeren zu Mus oder Marmelade verarbeitet und in der gleichen Weise verwendet werden.

Lauchkraut

Alliaria petiolata
Kohlgewächs

Diese einheimische Wildpflanze wird auch Knoblauchsrauke genannt. Man kann sie im Halbschatten des Gehölzrandes ansiedeln. Sie wird sich dann weiterhin großzügig selbst vermehren, wird aber kaum je lästig. Sie besitzt einen großen Vorteil: Sie treibt sehr zeitig im Jahr aus, lange bevor die Beete bestellt sind und Küchenkräuter geerntet werden können. Sie gehört mit ihrem zarten Knoblauchduft zu den allerersten aromatischen Würzkräutern des Vorfrühlings. Die Blättchen können klein geschnitten Salaten zugefügt werden. Wegen des Gehalts an desinfizierenden Senfölglycosiden wurden früher die Blätter gequetscht als Wundauflage eingesetzt.

Lein

Linum usitatissimum
Leingewächs

Wenn man Gartenschauen im Hinblick auf neue Trends betrachtet, gewinnt man den Eindruck, dass der Lein oder Flachs wieder zu Ehren kommen könnte und sei es nur, um einen luftig-blauen Farbeffekt im Garten zu erzielen. Aber auch die Textilindustrie setzt wieder verstärkt Naturfasern ein, das heißt, Leinen ist hochmodern und wird es wohl weiterhin bleiben.
Medizinisch verwendet werden die schleimhaltigen, ölreichen Samen als ballaststofffreiches Gleitmittel bei chronischer Verstopfung. Leinöl enthält einen hohen Anteil an ungesättigten Fettsäuren, nämlich 26 % bezogen auf 100 g Leinsamen. Deswegen gilt Leinsamen auch als besonders gesund zur Prophylaxe der Arteriosklerose und des Herzinfarkts.

Lorbeer

Laurus nobilis
Lorbeergewächs

Die Heimat dieses immergrünen Baumes sind die Wälder des Mittelmeergebietes. Er wird dort bis zu 15 m hoch. Er ist nicht winterhart, aber als Kübelpflanze für Terrasse und Balkon zu empfehlen. Er muss stets feucht gehalten und immer einmal mit lauwarmem Wasser abgespritzt werden, sonst vergilben die Blätter. Als Gewürz geerntet werden die jungen, aber voll ausgebildeten Blätter. Wenn man selbst einen Lorbeerbaum besitzt, kann man die Blätter trocknen, aber auch nach Bedarf jeweils frisch abschneiden. Lorbeeröl aus den Früchten ist wegen seiner antiseptischen, erweichenden Wirkung Bestandteil von Salben gegen Geschwüre und Hauterkrankungen sowie wegen seiner durchblutungsfördernden Wirkung Bestandteil von Massagecremes zur Behandlung von Sportverletzungen. Die so genannte „Eutersalbe" für Tiere enthält als wichtigsten Bestandteil das Lorbeeröl.

Lungenkraut

Pulmonaria officinalis
Raublattgewächs

Diese Wildpflanze mit ihren auffallend weiß gefleckten Blättern besiedelt Laubwälder und Gebüsche besonders auf frischem, kalkhaltigem Untergrund. Demnach ist im Garten die Staude für den Lebensbereich „halbschattiger bis schattiger Gehölzrand" als Bodendecker gut geeignet. Eine beliebte Gartenform ist die Sorte 'Azurea' mit tiefblauen Blüten.
In der Volksmedizin hatte früher das Lungenkraut einen sehr guten Ruf. Noch heute ist es Bestandteil von Hustenteemischungen, obwohl eine medizinische Wirkung nicht überzeugend nachgewiesen ist. Das Lungenkraut enthält etwas Gerbstoffe und Kieselsäure, aber kaum Saponine, was für eine Hustenteedroge entscheidend wäre.

Mädesüß

Filipendula ulmaria
Rosengewächs

Wunderschön „natürlich" wächst die aparte Pflanze am Gartenteich. Medizinisch verwendet werden die getrockneten Blüten in Teemischungen, z.B. mit Holunder oder Lindenblüten, gegen Grippe und rheumatische Beschwerden. Die Pflanze enthält Salicylsäure, jenen Stoff, der im Aspirin, dem wohl erfolgreichsten Heilmittel aller Zeiten in Form von Acetylsalicylsäure (ASS) enthalten ist. Früher hieß das Mädesüß *Spirea ulmaria*, wovon der Name „Aspirin" abgeleitet wurde. Dass Mädesüß schon lange als hochwirksames Heilmittel bekannt war, zeigt sich auch daran, dass es zu den vier magischen Kräutern der Kelten gehörte, zusammen mit Mistel, Brunnenkresse und Eisenkraut.

Mariendistel

Silybum marianum
Korbblütler

Diese aus dem Mittelmeergebiet stammende große Distel mit eigenartig weiß geaderten Blättern braucht im Garten einen sonnigen Standort und nimmt auch mit trockenem Boden vorlieb, der aber dennoch nährstoffreich sein sollte. Ist sie einmal im Garten, sät sie sich selbst aus. Man beobachtet, wo Pflänzchen aufgehen und versetzt sie an den gewünschten Standort.
Die Samen der Mariendistel enthalten ein hochwirksames Flavonol, Silymarin genannt, das zu den besten Lebermitteln gehört, die wir kennen. Leberentzündungen und toxische Leberschäden bessern sich bereits zwei Wochen nach Behandlungsbeginn. In der Volksmedizin wird ausgepresster Saft aus den Blättern zum Einreiben bei Venenstauungen empfohlen.

Nachtkerze

Oenothera biennis
Nachtkerzengewächs

Zunehmend sieht man die Nachtkerze in den Gärten, vielleicht auch deshalb, weil sich diese vor 200 Jahren aus Nordamerika eingeschleppte zweijährige Pflanze reichlich selbst aussät. Sie heißt „Nacht"kerze, weil die schwefelgelben Blüten abends bei Einbruch der Dämmerung aufblühen und dann Nachtfalter zur Bestäubung anlocken.
Die rübenförmigen Wurzeln der Wildform wurden früher mit Essig und Öl als Gemüse gekocht. Neue pharmakologische Forschungen ergaben, dass in den fetten Samen reichlich eine Beta-Linolensäure enthalten ist, die bei allergischen Phänomenen, vor allem bei Kindern, erfolgversprechend einzusetzen ist. Diese essentiellen Fettsäuren verringern außerdem die Anfälligkeit für Arteriosklerose und Thrombose.

Oregano, Dost

Origanum sp.
Lippenblütler

Oregano wird im Fachhandel in einer Reihe von Arten und Sorten angeboten. Die meisten sind winterhart. Empfehlenswert ist der sehr ertragreiche, aromatische Sizilianische Oregano (*Origanum* x *majorana*). Der Syrische Majoran *(Origanum maru)* dürfte der in der Bibel mehrfach genannte „Ysop" sein (also nicht *Hyssopus*). Das unverwechselbare Pizza-Aroma hat der weiß blühende Griechische Oregano *(Origanum heracleoticum)*. Unser einheimischer Dost *(Origanum vulgare)*, eine Pflanze der Halbtrockenrasen, sei ebenfalls genannt und gewürdigt, aber sein Duft kann mit den ums Mittelmeer entstandenen Sorten nicht mithalten.

Osterluzei

Aristolochia clematitis
Osterluzeigewächs

Wenn Sie im Garten das Besondere lieben, könnten Sie an einem geschützten, sonnigen bis halbschattigen Standort die Osterluzei pflanzen.
Sie ist ein Beispiel für das Kommen und Gehen von Heilpflanzen in der Medizin. Seit dem Altertum wurde sie zur Geburtserleichterung eingesetzt (aristos = sehr gut, lochos = Niederkunft). In der modernen Heilkunde wurde durch Präparate aus der Osterluzei eine deutliche Hebung der körpereigenen Abwehr beobachtet. Deshalb wurden diese Arzneien erfolgreich bei schlecht heilenden, chronisch eiternden Fisteln und Geschwüren eingesetzt. Tierversuche haben jedoch ergeben, dass Aristolochia-Präparate im Dauergebrauch bei Ratten krebserzeugend wirken können. Daraufhin wurden sämtliche Präparate vom Markt genommen.

Pimpinellen

Zwei grundverschiedene, nicht einmal entfernt verwandte Pflanzen werden Pimpinelle oder auch Bibernelle genannt:
Meistens ist heute der Kleine Wiesenknopf *(Sanguisorba minor)* gemeint, wenn von der Pimpinelle die Rede ist (siehe Abbildung).
Die echte Pimpinelle *(Pimpinella saxifraga)* ist ein Doldenblütler und nahe mit dem Anis verwandt. Diese Pimpinelle wird bis heute als Heilpflanze genutzt. Auszüge aus ihr sind Bestandteile einiger Husten- und Asthma-Arzneien.
Wie kommt es nun zu dieser für exakte Botaniker ärgerlichen Verwirrung? Beide Pflanzenarten haben, vor allem im jungen Zustand, täuschend ähnliche Blätter. Beide können im Garten freundnachbarlich nebeneinander wachsen, zum Beispiel im Steingarten oder in der abgemagerten Blumenwiese. Sie können in gleicher Weise genutzt werden: Die Blättchen können nämlich klein geschnitten dem Salat zugefügt werden.

Rainfarn

Tanacetum vulgare syn. *Chrysanthemum vulgare*
Korbblütler

Wild wachsend kommt der Rainfarn vor allem an sonnigen Standorten auf leichten Böden vor. Im Bauerngarten wurde früher häufig eine krausblättrige, milder duftende Variante des Rainfarns gezogen, die es im Rahmen der Rückbesinnung auf alte Traditionen wieder im Fachhandel zu kaufen gibt.

Rainfarn hat als Hausmittel gegen Wurmerkrankungen bei Mensch und Vieh in der bäuerlichen Volksmedizin eine lange Tradition. Wegen seiner Giftigkeit muss von einer Selbstmedikation abgeraten werden.

Im naturnahen Garten kann Rainfarnbrühe zur Schädlingsbekämpfung eingesetzt werden: 300 g frisches oder 100 g getrocknetes Kraut mit 3–5 l Wasser ansetzen, 12 bis 24 Stunden stehen lassen, einige Minuten lang kochen, nach dem Abkühlen 1:5 verdünnen und gefährdete oder befallene Pflanzen mit der Brühe übergießen oder spritzen.

Schabzigerklee

Trigonella caerulea
Schmetterlingsblütler

Die etwas seltsam riechende, hellblau blühende Pflanze wird etwa ½ Meter hoch und nimmt mit jedem Boden vorlieb. Geerntet werden die reifen Schoten. Die darin befindlichen Samen werden auf einem Papier ausgeschüttelt und nachgetrocknet.

Die Samen des Schabzigerklees sind eine Art Geheimtip bei Liebhabern von Biokost. Wenn Sie in Ihrem Garten das Ausgefallene lieben und falls Sie selbst Brot backen oder Würzmischungen für Kräuterkäse herstellen, sollten Sie den Schabzigerklee im Garten anbauen. Die Samen gibt es allerdings auch im Naturkosthandel und in Reformhäusern zu kaufen.

Schöllkraut

Chelidonium majus
Mohngewächs

In der Hecke könnte sich die gelbblühende Staude auch in Ihrem Garten einstellen. Sie enthält einige giftige und einige medizinisch hochwirksame Alkaloide, darunter das Chelidonin, das bei Magenkrämpfen einen entspannenden Effekt hat. Allerdings wirkt, wie experimentell erwiesen wurde, nur der frische Presssaft und die aus ihm hergestellten Medikamente mit ausreichender Sicherheit. Auch für die seit altersher überlieferte Heilwirkung bei Gallekrankheiten sollten Fertigpräparate verwendet werden, weil der Wirkstoffgehalt verschiedener Pflanzen höchst schwankend ist. In der traditionellen Volksmedizin hat das Schöllkraut einen guten Ruf bei der Beseitigung von Warzen, wenn man mehrere Tage hintereinander die Warzen mit dem gelben Saft aus dem Stängel betupft.

Schwarze Johannisbeere

Ribes nigrum
Grossulariaceen

Eigentlich wird dieser Strauch vor allem als Beerenobst angebaut, aber auch seine Verwendung als Heilpflanze sollte hervorgehoben werden. Die getrockneten Blätter werden laut DAB (Deutsches Apothekerbuch) wegen ihres Gehalts an Gerbstoffen und Rutin als wassertreibendes Mittel angeboten. Die reifen Beeren haben den höchsten Vitamin-C-Gehalt von unseren Gartenfrüchten, nämlich 120 bis 200 mg in 100 g Frucht (Tagesbedarf 75 mg). Auch der Gehalt an P-Faktoren sei erwähnt, die für die Durchlässigkeit (Permeabilität) der Kapillaren verantwortlich sind. Der hohe Pektingehalt ist für die Darmgesundheit wichtig. Schonendes Einfrieren erhält die Inhaltsstoffe am besten.

Roter Sonnenhut

Echinacea purpurea, E. angustifolia
Korbblütler

Vor allem der Rote Sonnenhut ist eine empfehlenswerte Zierpflanze für den Garten. Er wertet den Garten ökologisch auf, denn er lockt Schmetterlinge an und bietet ihnen süßen Nektar.
Der Sonnenhut enthält bakteriostatisch wirkende Stoffe, ein für die medizinische Wirkung mitverantwortliches Polysaccharid, Bitterstoffe, Harze und ein ätherisches Öl. In seiner amerikanischen Heimat wird er seit langer Zeit von den Indianern gegen Infektionen eingesetzt. Jahrelang waren Auszüge aus ihm hierzulande geradezu eine Modedroge und man versprach sich Wunder von dieser Wunderpflanze der Indianer. Aber Wunder lassen sich nicht herbeizitieren. Dennoch ist er ein ernst zunehmendes Medikament zur Aktivierung des Immunsystems.

Tripmadam

Sedum reflexum
Dickblattgewächs

Die Pflanze heißt auch Felsenfetthenne und kommt wild wachsend in sonnenexponierten Pioniergesellschaften vor, besonders auf Felsköpfen, in lichten Laubwäldern mit felsigem Untergrund und an Böschungen mit lückiger Vegetation. Im Garten pflanzt man sie in die Spalten von Mauerkronen oder in den Steingarten. Der Boden sollte humusarm und möglichst kalkfrei sein. Sie ist ein idealer Bodendecker in trockenen, unfruchtbaren Bereichen. Die Tripmadam enthält Schleim, Gerbstoffe, Mineralstoffe und Iso-Zitronensäure, wodurch der leicht säuerliche Geschmack der Blätter erzeugt wird. Die Blättchen und Triebspitzen können zum Würzen von Salaten, Suppen und Soßen verwendet werden, allerdings handelt es sich wegen des Fehlens ätherischer Öle um kein besonders ausdrucksstarkes „Gewürz".

Weide

Salix sp.
Weidengewächs

Von der Weide gibt es eine unübersehbare Fülle von Sorten und Hybriden als Ziergehölze. Eine männliche Weide ist optisch und ökologisch für den Garten empfehlenswerter, weil sie im Frühling die pollenreichen Kätzchen hervorbringt.

Als Heilmittel ist vor allem die Weidenrinde berühmt. Es ist zwar nicht anzunehmen, dass Sie die Rinde Ihrer Gartenweide für Tee ernten, aber einmal versuchshalber auf einem Stückchen Rinde kauen, das sollten Sie probieren. Der charakteristische, leicht bittere und säuerliche Geschmack kommt von der Salizylsäure, also jenem Stoff, der vor mehr als 100 Jahren analysiert wurde und in Form von Acetylsalizylsäure als „Aspirin" weltbekannt ist. Die Volksmedizin setzt seit altersher Abkochungen aus der Weidenrinde zum Fiebersenken und gegen Rheuma ein, sowie als Umschlag bei Entzündungen.

Weinraute

Ruta graveolens
Rautengewächs

Sie ist eine ausdauernde, unten etwas verholzende Staude, die wild wachsend an den steinigen Hängen Griechenlands vorkommt. Sie braucht im Garten viel Sonne, wenn sich ihr Aroma voll entwickeln soll. Der Boden muss durchlässig sein. Zur Düngung genügt etwas Kompost im Frühling. In der Blumenrabatte und im Steingarten ist die aparte Staude eine wahre Zierde. Als Pflegemaßnahme wird sie im Herbst etwas zurückgeschnitten und angehäufelt. In kalten Lagen ist Winterschutz mit Reisig oder Vlies zu empfehlen.

Ihre wichtigsten Inhaltsstoffe sind ätherische Öle, Cumarin und das Flavonoid Rutin. Diese Wirkstoffe vereinigen sich zu einem unvergleichlichen Aroma, das, sparsam verwendet, den Gerichten ein mediterranes Flair gibt und magenstärkend wirkt. Vorsicht: Schwangere sollten die Weinraute meiden.

Wunderbaum (Rizinus)

Ricinus communis
Wolfsmilchgewächs

Der Name „Wunderbaum" ist für dieses aus den Tropen stammende Gewächs durchaus gerechtfertigt, denn es grenzt an ein Wunder, wie rasch er wächst. Er wird bei uns im Kübel oder im Staudenbeet einjährig gezogen und passt gut zu anderen ebenfalls etwas exotischen Gewächsen, z. B. *Canna* oder *Yucca*. Seine enorme Wachstumsgeschwindigkeit legt nahe, dass man ihn gut und regelmäßig düngen muss.
Außer dem optischen Vergnügen können Sie vom Rizinus nichts gewinnen. Seine glänzend braunen Samen enthalten das hochgiftige Eiweiß Ricin. Also Vorsicht, wenn Kinder Ihren Garten besuchen. Aus den Samen wird das völlig giftfreie Rizinusöl gewonnen, ein dünndarmwirksames, drastisches Abführmittel, das bereits 2 bis 4 Stunden nach der Einnahme eine Darmentleerung herbeiführt.

Ysop

Hyssopus officinalis
Lippenblütler

Seit dem frühen Mittelalter wird der Ysop bei uns in den Gärten kultiviert. Er braucht durchlässigen, kalkhaltigen Boden. Er ist ein unten verholzender Halbstrauch. In kalten Lagen ist Winterschutz zu empfehlen. Er sollte im Frühjahr zurückgeschnitten werden, damit er viele kurze Triebe bildet, die dann tiefblau blühen. Auch abgeblühte Blütenstände sollten abgeschnitten werden. Er lockt Hummeln, Bienen und Schmetterlinge in großer Zahl an.
Seine wichtigsten Inhaltsstoffe sind ein ätherisches Öl, Bitter- und Gerbstoffe sowie der Farbstoff Hyssopin. Ysop als Gewürz sorgt für die Bekömmlichkeit auch schwer verdaulicher Speisen und löst Verkrampfungen im Magen-Darm-Trakt. In südlichen Ländern wird er gerne zum Würzen von Kalbfleisch genommen.

Index